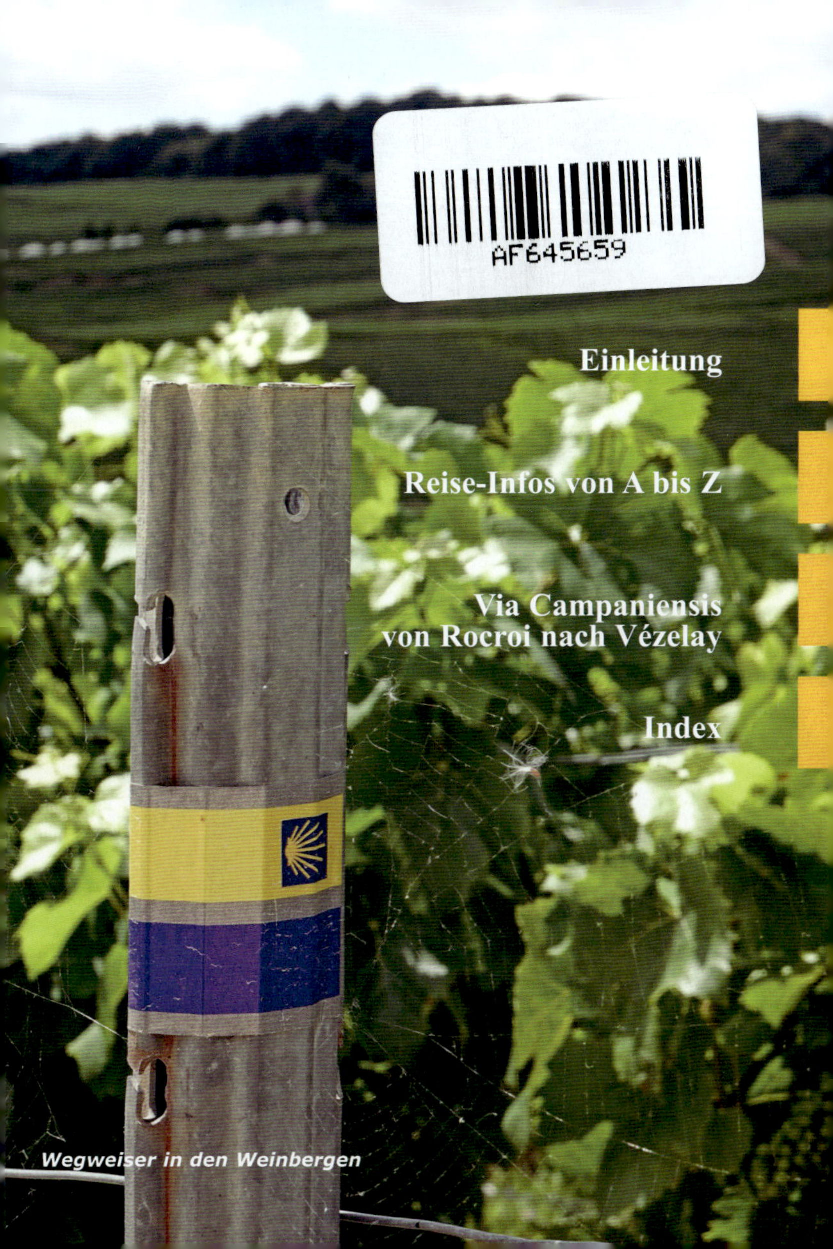

Wegweiser in den Weinbergen

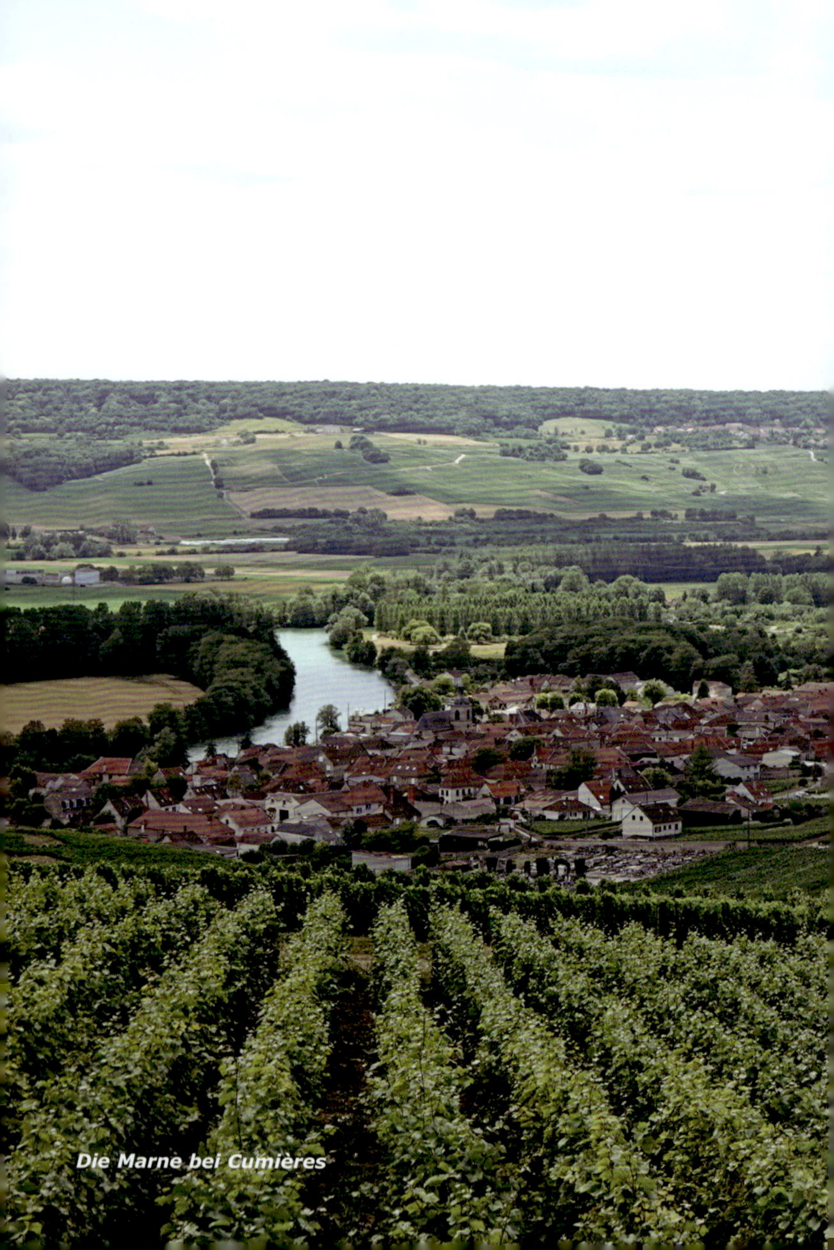
Die Marne bei Cumières

Band 472

OutdoorHandbuch

Franz Felsner

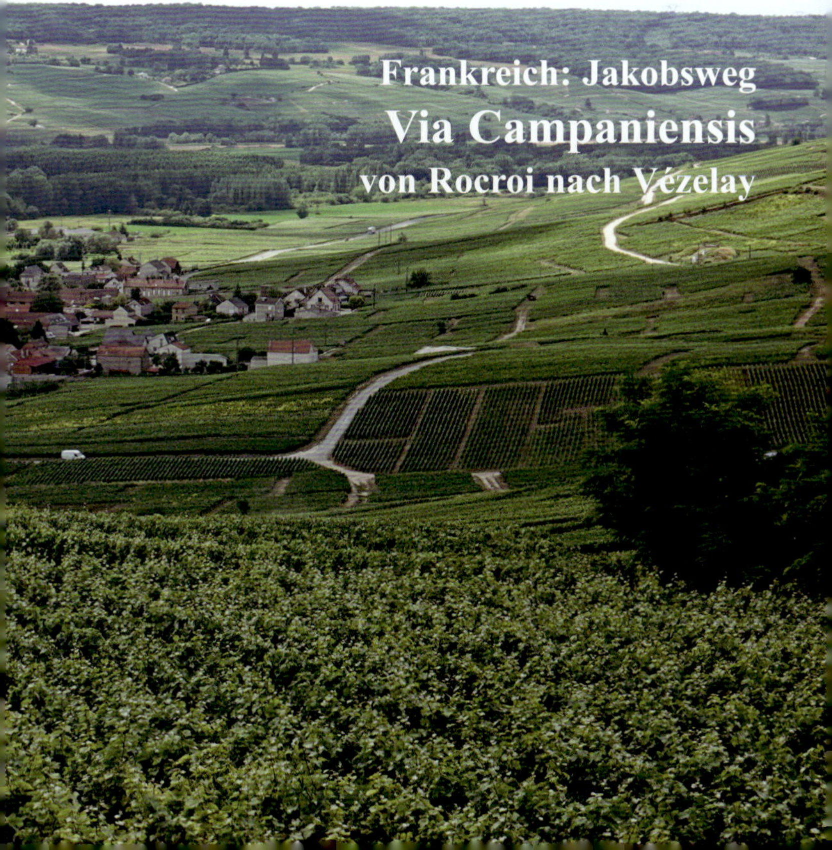

Frankreich: Jakobsweg
Via Campaniensis
von Rocroi nach Vézelay

Jakobsweg: Via Campaniensis

Alle Informationen, schriftlich und zeichnerisch, wurden nach bestem Wissen zusammengestellt und überprüft. Sie waren korrekt zum Zeitpunkt der Recherche. Eine Garantie für den Inhalt, z. B. die immerwährende Richtigkeit von Preisen, Adressen, Telefon- und Faxnummern sowie Internetadressen, Zeit- und sonstigen Angaben, kann naturgemäß von Verlag und Autor – auch im Sinne der Produkthaftung – nicht übernommen werden.

Der Autor und der Verlag sind für Lesertipps und Verbesserungen (besonders per E-Mail) unter Angabe der Auflagen- und Seitennummer dankbar.

Dieses OutdoorHandbuch hat 160 Seiten mit 39 farbigen Abbildungen sowie 21 farbigen Kartenskizzen im Maßstab 1:150.000, 21 farbigen Höhenprofilen, 2 farbigen Stadtplänen und einer farbigen, ausklappbaren Übersichtskarte. Es wurde auf chlorfrei gebleichtem, FSC®-zertifiziertem Papier gedruckt, in Deutschland klimaneutral hergestellt und transportiert und wegen der größeren Strapazierfähigkeit mit PUR-Kleber gebunden.

FSC
www.fsc.org
MIX
Papier aus verantwortungsvollen Quellen
FSC® C009051

Klimaneutral
Druckprodukt
ClimatePartner.com/10951-2104-1007

Dieses Buch ist im Buchhandel und in Outdoor-Läden erhältlich und kann im Internet oder direkt beim Verlag bestellt werden.

OutdoorHandbuch aus der Reihe „Der Weg ist das Ziel", Band 472

ISBN 978-3-86686-684-3 1. Auflage 2021

Text und Fotos: Franz Felsner
Karten: Heide Schwinn
Lektorat: Anna-Lena Ebner
Layout: Alexandra Sauerland

Gesamtherstellung: gutenberg beuys feindruckerei

Dieses OutdoorHandbuch wurde konzipiert und redaktionell erstellt vom:

Conrad Stein Verlag GmbH, Kiefernstr. 6, 59514 Welver,
☏ 023 84/96 39 12,
info@conrad-stein-verlag.de,
www.conrad-stein-verlag.de

Besuchen Sie uns bei Facebook & Instagram:

www.facebook.com/outdoorverlag

www.instagram.com/outdoorverlag

Titelfoto: Der erste Blick auf Épernay

Inhalt

Vorwort

Pilgern

Wer nach Rom geht, sucht den Papst. Wer nach Lourdes geht, sucht die heilige Mutter Maria. Und wer nach Santiago geht, sucht sich selbst.

So lautet ein Spruch unter Pilgern und es ist etwas dran. Seit weit über einem Jahrtausend pilgern Menschen nach Santiago de Compostela und kommen verändert wieder. Natürlich bewegt und bewirkt es etwas in uns, wenn wir Schritt für Schritt, Tag für Tag von morgens bis abends zu Fuß gehen, immer weiter, Hunderte von Kilometern. Wir lassen Städte und ganze Regionen hinter uns, entdecken neue Landschaften, betreten Ortschaften durch den Seiteneingang auf kleinen Pfaden und verlassen sie auf solchen oft auch wieder. Dazu kommt manchmal eine gewisse Eintönigkeit, wenn Kilometer für Kilometer praktisch keine Veränderung eintritt, es immer gleich weitergeht. Das Leben reduziert sich auf vier wesentliche Dinge: Gehen, Trinken, Essen und Schlafen. Die jeden Abend auf ein Neues genossene Dusche könnte man noch anführen und das tägliche Waschen der Wanderklamotten. Auf Pilgerfahrt müssen wir keine Rolle unseres täglichen Lebens mehr spielen, können spontan entscheiden, ohne jemanden fragen zu müssen, und haben Zeit, viel Zeit, für und mit uns selbst.

Wenn Sie schon einmal auf Pilgerwegen unterwegs waren, werden Sie wissen, wovon ich spreche. Ich kann jedem nur wärmstens ans Herz legen, diese Art der Entschleunigung einmal selbst zu erleben. Da Sie dieses Buch in Ihren Händen halten, sind Sie wahrscheinlich schon auf dem besten Weg dazu. Machen Sie es. Gehen Sie. Es tut gut. Manchmal ist es nicht einfach, zugegeben. Aber weiterzumachen wie bisher, ohne einmal innezuhalten, ist es oft auch nicht.

Machen Sie sich auf den Weg nach Santiago de Compostela wie Tausende Menschen vor Ihnen. Machen Sie sich auf die Suche, lernen Sie sich wieder ein Stück besser kennen. Sie können dabei nur gewinnen.

Geben und Nehmen

Auf vielen Kilometern Jakobsweg kommt man oft in Situationen, wo man nur nehmen kann. Ein Geben in angemessener Form ist in dem Moment schlicht nicht möglich.

Lassen Sie mich den Gedanken mit einer eigenen Erfahrung illustrieren. Ich kam eines Abends in einer Stadt in Südfrankreich an. Ich hatte noch kein Quartier,

Wasser und Essen waren seit geraumer Zeit ausgegangen. Zudem war ich mental nicht auf der Höhe, da sich im Laufe des Tages einige für mich eher schwierige Erkenntnisse eingestellt hatten. Und dann traf ich liebe Menschen am Wegesrand, die mir wie selbstverständlich etwas zu trinken gaben und telefonisch eine Unterkunft organisierten. Dort wurde ich mit einer kaum beschreibbaren Wärme und Herzlichkeit empfangen, umarmt und in allen Belangen aufgefangen. Konnte ich in der Situation angemessen zurückgeben? Unmöglich. Dafür kochte ich z. B. an anderen Tagen für junge Pilger mit, die sich seit Tagen nicht mehr vernünftig ernähren konnten.

Man darf nehmen, wenn man braucht, und soll geben, wenn man kann.

Dieses Prinzip gilt ja im Leben generell. Auf dem Jakobsweg ist es beeindruckend intensiv und klar erfahrbar. Und für das Funktionieren des „Systems Jakobsweg" ist diese Art des Handelns unabdingbar, sonst wäre Pilgern in der heutigen Form gar nicht möglich.

Das Schreiben dieses Führers ist für mich persönlich auch ein Zurückgeben an die Gemeinschaft der Pilger, ein Beitrag zum „System Jakobsweg".

Randonneurs et Pelerins 51

Ein besonderer Dank gebührt der „Association Randonneurs et Pelerins 51" mit Sitz in Reims und ihren zahlreichen ehrenamtlichen Mitgliedern. Ohne ihre umfangreiche Arbeit und ihr unermüdliches Engagement wäre die Via Campaniensis in ihrer heutigen Form nicht existent. Sie erarbeiten die Wegführung im Detail, markieren jede Kreuzung und jeden Abzweig, halten den Weg gangbar und sorgen zusammen mit den vielen Freunden entlang der Strecke für ständige Aktualisierung und nicht zuletzt für preisgünstige Unterkünfte und das Wohl aller Gehenden.

Im Namen aller Pilger: Danke!

💻 www.randonneurs-pelerins.com

Danke

Ein Danke möchte ich hier den Menschen sagen, die mich bei der Arbeit an diesem Buch und in dieser Zeit unterstützt haben und ihren Beitrag dazu leisteten – in Deutschland wie auch vor Ort in Frankreich. Vieles davon war in keiner Weise selbstverständlich und ohne Euch wäre das Buch so nicht entstanden.

Andi, Anna-Lena, Anne-Marie, Elodie, Johanna, Lin, meine Eltern, Sarah, Ursula, Willi – danke!

Einleitung

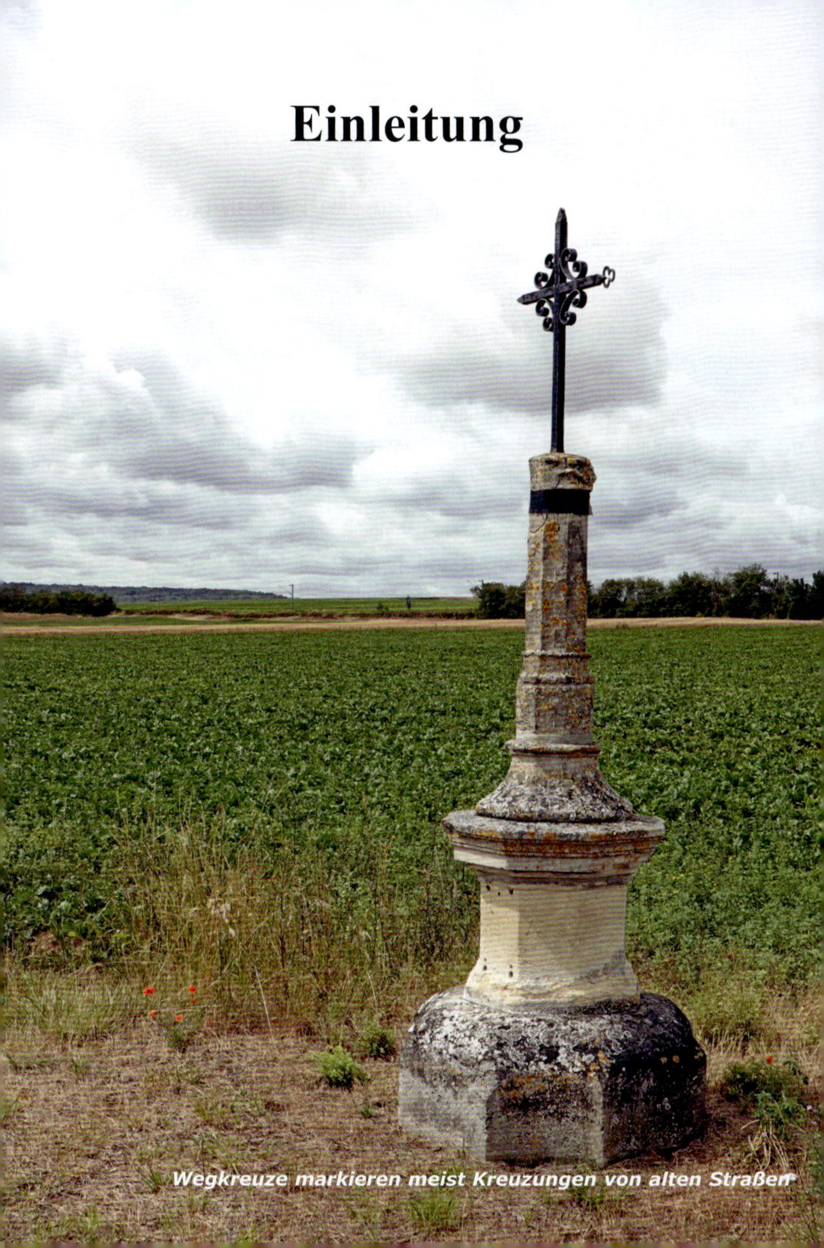

Wegkreuze markieren meist Kreuzungen von alten Straßen

Die Via Campaniensis

Auf dem Papier ist die Via Campaniensis „nur" ein Zwischenstück, ein Zubringer, ein kurzes Teilstück einer langen Strecke von Nord nach Süd, von den Beneluxländern und Norddeutschland nach Spanien, von Rocroi an der belgisch-französischen Grenze nach Vézelay.

Tatsächlich aber bietet der Weg eine reiche Fülle an sehenswerten Orten und abwechslungsreich beeindruckenden Wegstrecken. Zudem ist die ganze Region unglaublich geschichtsträchtig und kulturell wunderbar lebendig.

☺ Daher ist die Via Campaniensis auch als eigenständige Unternehmung absolut empfehlenswert, ohne gleich eine lange Pilgerschaft bis nach Spanien ins Auge zu fassen. Ich kann Sie nur einladen, es lohnt sich!

Auf Jakobswegen erreichen Sie den Anfang der Via Campaniensis von Aachen über die Via Mosana und Via Monastica in Belgien, der Anschlussweg im Süden ist die Via Lemovicensis von Vézelay bis an die Pyrenäen. Sie vervollständigt somit die kürzeste diagonale Verbindung durch Frankreich.

Der Weg führt durch die beiden Regionen Grand Est und Bourgogne-Franche-Comté. Es werden die Départements 08 Ardennes, 51 Marne, 10 Aube und 89 Yonne teils oder ganz durchwandert. Vier große Flüsse werden überschritten, die sich bei Paris in der Seine vereinen und im Nordosten Frankreichs bei Le Havre in den Ärmelkanal fließen: Aisne, Marne, Seine und Yonne.

Land und Leute

Rocroi, der Startpunkt der Via Campaniensis, liegt in den südlichen Ausläufern der Ardennen. Große Berge müssen Sie ab hier nicht überschreiten, diese liegen weiter nördlich. Es ist ein ruhiges Stück Land, geprägt von Wäldern und kleinteiliger Landwirtschaft, das von den Einheimischen manchmal auch als „vergessenes Land" bezeichnet wird. Etliche Zuwanderer aus Belgien und den Niederlanden haben sich hier niedergelassen, um der engen und hektischen Welt zu entfliehen. Entsprechend entspannt ist das Leben hier und die Bewohner sind es auch.

Mit Erreichen des Flusses Aisne in Château-Porcien ändert sich das Bild und eher industriell geprägte Landwirtschaft begleitet Sie nun durch die leicht wellige Ebene bis Reims. Die Stadt ist überreich an Geschichte und Kultur, war für die Römer schon bedeutend und ist seit dem Mittelalter geistiges und geistliches

Zentrum in Frankreichs Norden. Die mächtige Kathedrale, Krönungskirche der Könige, steht als Symbol hierfür im Zentrum der pulsierenden Stadt – sicher eines der Highlights auf der Via Campaniensis.

Das Getränk der Könige – Champagner – wird nun bestimmend für den Weiterweg durch das Département 51 Marne. Weinberge bis zum Horizont, Champagnerhäuser in allen Größen mit weltbekannten und nie gehörten Namen, das ganze Leben in der Champagne ist davon geprägt. Teilweise finden Sie sogar noch auf kleinen Flecken mitten in der Ortschaft die gewinnbringenden Rebstöcke. Wie der Begriff „Weinberg" schon verrät, bleibt es bis Sézanne hügelig, dafür werden Sie immer wieder mit traumhaften Ausblicken überrascht.

An der Seine wird es wieder flach und die grünen Flussauen geben die Richtung vor bis Troyes. Freuen Sie sich auf eine kleine, pulsierende Stadt voller bunter Fachwerkhäuser und prächtiger Renaissancebauten, die bei uns völlig zu Unrecht weitgehend unbekannt ist. Das Leben findet in den kleinen Gassen statt und man spürt die Lebensfreude der Menschen.

Wenn Sie die Weinberge von Chablis erreichen, haben Sie die Grenze zum Burgund überschritten und die malerisch dahinfließende Cure wird Sie auf dem letzten Stück Weg nach Vézelay begleiten.

Die alte Pilgerstadt mit der mächtigen Kathedrale auf dem „Ewigen Berg" bildet einen wahrhaft würdigen Abschluss für diese Pilgerfahrt. Die Bewohner hier leben seit Langem mit uns Pilgern und freuen sich über jeden Einzelnen. Man wird respektiert, auf das Herzlichste empfangen und unterstützt, wo immer es geht.

Spätestens hier bekommt man ein Gefühl für die Tiefe der Fußstapfen, denen man als Jakobuspilger nach Santiago de Compostela folgt. Mit Sicherheit werden auch Sie den Ruf verspüren, weitergehen zu wollen, Tag für Tag, durch Frankreich bis an die Pyrenäen, darüber hinweg und in Spanien bis Santiago und Finisterre, dem „Ende der Welt".
Ultreia!

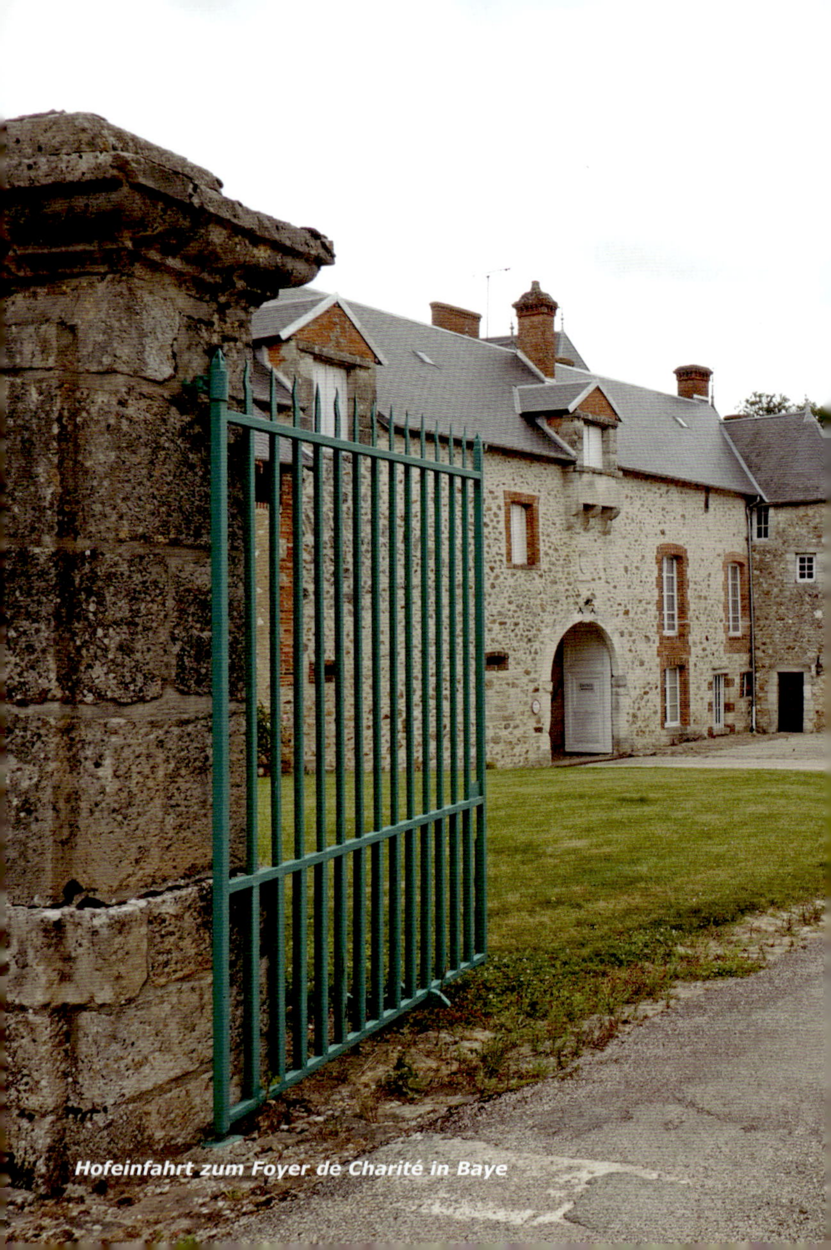

Hofeinfahrt zum Foyer de Charité in Baye

Reise-Infos von A bis Z

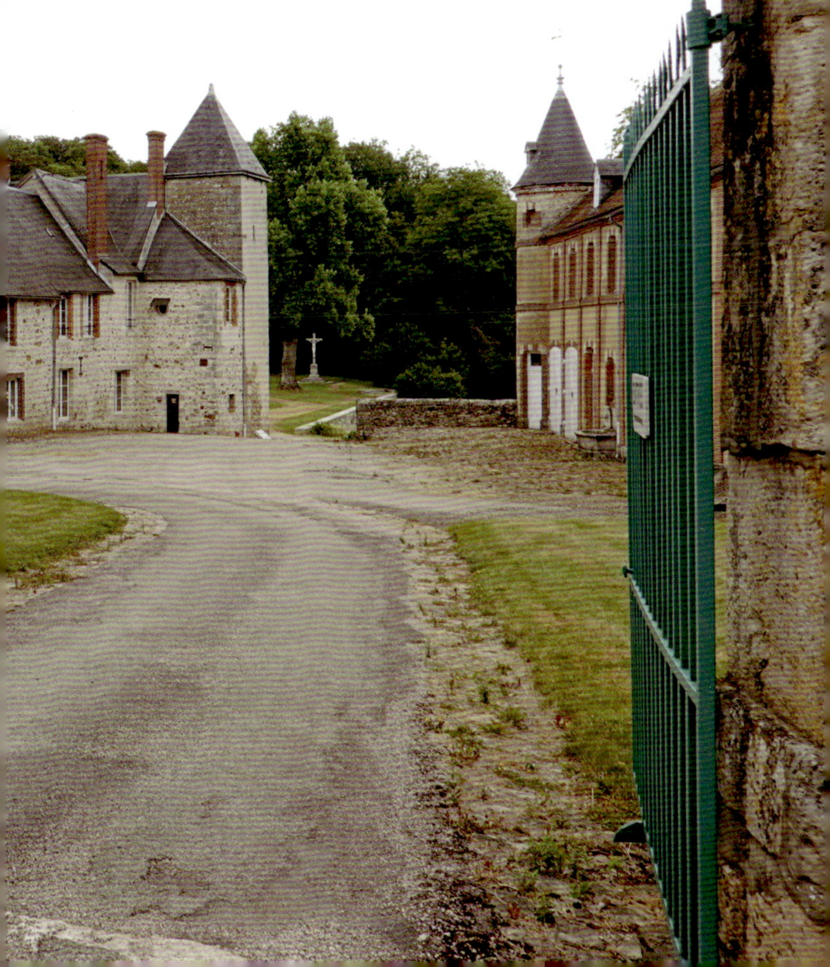

An- und Abreise

Anreise Rocroi

Den kleinen Ort Rocroi nahe der belgischen Grenze mit öffentlichen Verkehrsmitteln zu erreichen, ist nicht ganz einfach. Der nächstgelegene TGV-Bahnhof für Schnellzüge aus Deutschland liegt am südlichen Rand von Reims und heißt Champagne-Ardenne. Von hier kommen Sie mit der Straßenbahn Linie B zum Gare Centre in Reims, dem in der Stadt liegenden Bahnhof für Regionalzüge. Ein solcher bringt Sie Richtung Norden nach Charleville-Mézières, dem letzten Bahnknotenpunkt vor den Ardennen. Ein Bummelzug schleicht sich von hier am Ufer der Maas das Tal hinauf bis Revin.

Einmal am Tag fährt von dort ein Bus der Gesellschaft RDTA – Linie LR2610 – die 12 km nach Rocroi hinüber. Ein Taxi aus Rocroi wäre eine weitere Alternative. Die einfachste Möglichkeit ist, das Stück zum Einlaufen zu benutzen und zu Fuß zu gehen. Die Wegführung hierzu finden Sie zu Beginn der Beschreibung des Jakobsweges vor Rocroi.

Hier die Informationen zu den Verkehrsmitteln zusammengefasst:

- ▷ Zug: 💻 oui.sncf
- ▷ ÖPNV Reims: 💻 citura.fr
- ▷ Bus Département Ardennen: 💻 rdta.fr
- ▷ Taxi Rocroi: Taxi du Plateau, ☏ 03 24 54 21 91

Rückreise Vézelay

Es gibt von Vézelay zum Bahnhof Sermizelles-Vézelay eine Busverbindung der Gesellschaft MOBIGO, Linie LR505. Der Bus fährt zweimal am Tag. Auch hier besteht die Möglichkeit, ein Taxi zu nehmen oder die etwa 10 km nach Sermizelles zu gehen. Die Wegführung hierzu finden Sie am Ende der Beschreibung des Jakobsweges nach Vézelay.

Ein Regionalzug bringt Sie von Sermizelles über den Bahnknoten Laroche-Migennes zu Verbindungen nach Paris und Dijon.

Hier die Informationen zu den Verkehrsmitteln zusammengefasst:

- ▷ Zug: 💻 oui.sncf
- ▷ Bus Département Yonne: 💻 viamobigo.fr
- ▷ Taxi Vézelay: Cathy Taxi, ☏ 06 74 53 45 76, 🚪 7/24

Ausrüstung

Zum Thema Packliste sind im Internet schon viele Foren gefüllt worden und sie werden dutzendweise zum Download angeboten. Sich damit zu beschäftigen, ist notwendig, macht Spaß und steigert die Vorfreude auf die Unternehmung. Um den Überlegungen etwas Struktur zu verleihen, möchte ich hier meine persönlichen Erfahrungen aus vielen Tagen auf Jakobswegen und Nächten in unterschiedlichsten Herbergen für Sie zusammenfassen.

Allgemeine Tipps

- Lesen Sie bei den Packlisten zwischen den Zeilen und achten Sie vor allem darauf, was Sie **nicht** brauchen werden. Dabei ist das Gewicht natürlich ein entscheidender Faktor. Nicht zu unterschätzen ist aber auch die Anzahl der Dinge, die Sie dabeihaben. Gehen Sie davon aus, dass Sie Ihren Rucksack praktisch jeden Abend fast vollständig leeren und am Morgen wieder zusammenpacken. Dann eine Vielzahl an Einzelteilen verstauen zu müssen, kann richtig nervig werden.
- Kleine Dinge kann man gut themenweise in leichten Netzbeuteln zusammenfassen. Die technische Ausrüstung wie zum Beispiel Ladekabel und Ohrhörer ist dann schnell und vor allem vollständig zur Hand.
- Auch macht für die zweite Kleidungsgarnitur, die trockene Abendgarderobe, ein dünner und halbwegs wasserdichter Packsack durchaus Sinn. Sie kosten im Outdoor-Fachhandel nicht viel, eine Plastiktüte ohne Aufdruck (kann bei Nässe abfärben) tut es auch – bis der Henkel ausreißt. So bleibt Ihre Kleidung auch bei Sturzregen trocken und der Beutel lässt sich bequem zum Duschen in das Bad mitnehmen. Dann liegen Ihre Kleidungsstücke nicht einzeln herum und werden auch nicht vollgespritzt.
- Lebensmittel sollten Sie in einem Plastiksack zusammenfassen. Bei 8 Stunden Fußweg in der Sonne nimmt Käse ganz wunderliche Formen an und verteilt sich schneller als gedacht. Manche Verpackung fettet bei Hitze außen ganz ordentlich, auch unangenehm im Rucksack. Zudem wissen Sie immer, wie viele Vorräte Sie noch an Bord haben.
- Verwenden Sie keine raschelnden Beutel und Plastiktüten. Spätestens wenn Sie von den dadurch hervorgerufenen Geräuschen Ihres Nachbarn einmal wach geworden sind, werden Sie wissen, was ich meine.

▷ Sehen Sie Ihre komplette Ausrüstung nach ein bis zwei Wochen durch und schicken Sie **alles** nach Hause, was Sie nicht brauchen. Es ist wirklich erstaunlich, mit wie wenig man auskommen kann.

Schuhe und Socken

Alleine darüber könnte man ein eigenes Buch schreiben. Grundsätzlich hat man das Problem, dass man auch am Fuß schwitzt und dann buchstäblich im eigenen Saft steht und geht. So entstehen durch die Reibung der feuchten Socken auf der Haut an den Druckstellen die ersten Blasen. Das sollte man unbedingt vermeiden. Dazu müssen Schuhe und Socken als Einheit funktionieren.

Wenn Sie während des Gehens erste Druckstellen an Ihren Füßen bemerken, sollten Sie sofort reagieren, noch auf dem Weg, hier und jetzt. Bleiben Sie stehen, ziehen Sie die Schuhe aus, sehen Sie nach Fremdkörpern oder Falten in den Socken etc. Waschen Sie sich den Schweiß von den Füßen, trocknen Sie sie wieder gut ab und lassen Sie sie noch ein wenig an der Luft nachtrocknen. Wechseln Sie gegebenenfalls auch die Socken. Werden Sie insgesamt sehr sensitiv, was Ihren Fußkomfort betrifft. Mit Blasen kommen Sie nicht weit und die Schmerzen müssen nicht sein.

Schuhe

Wenn Sie Probleme mit den Knöcheln haben oder diese gerne geschützt wissen, greifen Sie zu knöchelübergreifenden Schuhen. Das sind dann in der Regel leichte Bergstiefel. Achten Sie auf eine biegsame Sohle, also einen Schuh der Kategorie A. Steifere Sohlen der Kategorien B und höher rollen nicht gut ab und führen beim Marschieren auf Asphalt über längere Zeit zu Problemen mit der Achillesferse. Die werden Sie auf dem Weg auch nicht mehr los, das kann nach eigenen Erfahrungen Monate dauern.

Betrachtet man die Wegbeschaffenheit der Via Campaniensis, sind flache Schuhe ausreichend. Hier ist eine oft gewählte Variante ein Schuh aus dem Bereich der Trailrunner, also ein Berglaufschuh. Sie sind ausreichend stabil und sehr leicht. Achten Sie auf eine durchgängige Sohle. Oft sind Sohlen aus verschiedenen Farben – und damit Einzelteilen – zusammengesetzt. Wenn diese mal gut abgelaufen sind, haben Sie damit einfach mehr Schwachstellen, an denen sich Teile ablösen können. Trailrunner gibt es mit und ohne wasserdichte Membran.

Die Variante mit Membran bleibt von außen trocken, der Schweiß aber auch im Schuh. In einem Schuh ohne Membran entweicht der komplette Dampf sofort und Blasen werden zur absoluten Seltenheit. Beim Gang durch eine nasse Wiese haben Sie einen nassen Fuß, der im Sommer aber auch schnell wieder trocknet. Die Antwort darauf muss jeder für sich selbst finden.

Bemerken Sie bei der Anprobe eines Schuhs schon Druckstellen, dann stellen Sie ihn wieder zurück in das Regal. Ein Schuh muss sich von vornherein so bequem anfühlen wie Ihre Pantoffeln vor dem Kamin. Das Einlaufen eines Schuhs ist nur bei Lederstiefeln sinnvoll möglich und dauert so lange, dass die Sohle Ihrer neuen Schuhe schon wieder halb abgelaufen ist.

Lederschuhe trocknen über Nacht nicht. Und nach einem Regentag werden Ihre Schuhe mit Sicherheit komplett durchnässt sein. Greifen Sie zur Kunstfaser, die ist auch deutlich leichter als Leder.

Sollten Sie länger als die Via Campaniensis unterwegs sein, kann die Erneuerung der Besohlung angezeigt sein. Schräg abgelaufene Fersen führen zu Knieproblemen. Wenn Sie dem Schuster erzählen, woher Sie kommen und wohin Sie noch gehen werden, wird er sich Ihrem Paar sicher bevorzugt widmen.

Socken

Ganz grundsätzlich sollten Sie Ihre Socken jeden Abend waschen. Das Material sollte dann auch so beschaffen sein, dass die Socken über Nacht trocknen. Achten Sie auf engen Sitz. Schenken Sie der Auswahl Ihrer Socken ebenso viel Beachtung wie der Ihrer Schuhe.

Je mehr Kunstfaseranteil eine Socke im Gewebe hat, umso besser transportiert sie Feuchtigkeit – und die muss von der Haut weg. Die Extreme sind hier Nylonstrümpfe auf der einen Seite und dicke Wollsocken auf der anderen. Wenn Sie mehrere übereinander anziehen, gilt: Kunstfaser auf die Haut, Wolle nach außen.

Reine Wollsocken kleben bei Feuchtigkeit auf der Haut und trocknen über Nacht nicht, sind also hier nicht geeignet.

Wandersocken aus Kunstfaser mit Baumwollanteil sind nicht schlecht, verlieren aber schnell ihr Volumen. Sie werden dann dünner, leiern schnell aus und werfen Falten. Diese können Sie auf keinen Fall zwei Tage hintereinander anziehen, ohne sie zu waschen. Wenn es diese Art unbedingt sein muss, dann achten Sie speziell hier auf engen Sitz.

Wandersocken aus Kunstfaser und Schafwolle haben sich deutlich besser bewährt. Der Sitz ist enger und man kann sie zur Not auch zwei Tage tragen, ohne sie zwischendurch zu waschen. Zudem vermindert Schafwolle die Geruchsbildung. Fast alle Exemplare trocknen über Nacht.

Bei kalten Temperaturen haben sich auch knielange Kompressionsstrümpfe mit hohem Schafwollanteil bewährt. Eingeführt wurden sie im Segment der Ultraläufer. Diese Strümpfe sind zugegebenermaßen nicht jedermanns Sache, werfen aber mit Sicherheit keine Falten und transportieren die Feuchtigkeit sehr gut. Die Beine ermüden nicht so schnell und sie bleiben beim Gehen länger frisch.

Ein heißer Tipp ist das Tragen von Nylonstrümpfen unter den Wandersocken auf der Haut. Sie transportieren die Feuchtigkeit wie kein anderes Material und ihr Fuß bleibt dadurch merklich trockener. Zudem wird die Temperatur gut reguliert, bei Hitze und bei Kälte. Der zweite Vorteil ist das Verlagern der Reibungsebene von Wollsocke auf Haut zu Wollsocke auf Nylonstrumpf. Damit haben Sie vielleicht noch Druckstellen, aber mit hoher Wahrscheinlichkeit keine Blasen. Sollten Sie schon so weit lädiert sein und Blasenpflaster verwenden (☞ Medizinische Versorgung), bleiben diese jedoch gerne daran kleben und der Effekt ist dahin. Tragen Sie sie also rechtzeitig, schon beim ersten Anzeichen einer Druckstelle. Manchmal führt der Nachkauf im Supermarkt auch zu lustigen Szenen, wenn Sie zum Beispiel als alleinreisender Mann die Auswahl fachkundig prüfen und dann zwei Paar in Größe XL auf dem Laufband liegen haben. Probieren Sie die Sockenvariante im Vorfeld aus, es könnte sich lohnen.

Kleidung

Ich gehe hier nicht auf jedes einzelne Kleidungsstück ein, da Sie, wie gesagt, Packlisten dutzendweise im Internet finden und am Ende zu Ihrer Zusammenstellung finden müssen. Es gibt aber Erfahrungswerte, die ich Ihnen nicht vorenthalten möchte.

▷ Sie brauchen eine Garnitur Kleidung zum Gehen und eine zweite Garnitur für den Abend. Also zwei T-Shirts, zwei Unterhosen, zwei Paar Socken, zwei Hosen etc. Das reicht. Gehen Sie davon aus, dass Sie Ihre Kleidung Tag für Tag durchschwitzen. Gewaschen wird also sowieso jeden Abend, gewöhnen Sie sich an den Gedanken, es hilft nichts. Eine dritte Garnitur wäre nur zusätzliches Gewicht.

▷ Kleiden Sie sich nach dem Zwiebelprinzip. Die dicke Daunenjacke für die kühle Jahreszeit muss zu Hause bleiben. Mehrere Schichten übereinander geben die gleiche Wärme. Im Notfall nehmen Sie zum Gehen eben noch ein Teil aus der Abendgarderobe dazu oder umgekehrt.

▷ Schafwolle ist ein Material, das immer mehr Raum in den Outdoorläden einnimmt. Und das völlig zu Recht. Schafwolle ist enorm geruchshemmend. Ein T-Shirt kann über Nacht, anstelle gewaschen zu werden, auch nur gelüftet werden und riecht am nächsten Morgen trotzdem nicht. Machen Sie das mal mit einem T-Shirt aus reiner Kunstfaser. Aus den sogenannten Funktionsshirts bekommen Sie den intensiven Schweißgeruch bei wochenlanger Nutzung teils selbst bei täglicher Maschinenwäsche nicht mehr heraus. Ich habe deswegen schon Shirts im Mülleimer versenkt und mich neu eingekleidet. T-Shirts aus Schafwolle trocknen über Nacht. Schafwolle reguliert die Wärme und ist bei Hitze und Kälte gleichermaßen angenehm zu tragen. Achten Sie aber beim Kauf darauf, dass das Material auf der Haut möglichst nicht juckt. Billige Ware hat hier ihren Haken.

▷ Für die Tage mit Regen hat sich ein Regenponcho bewährt. Achten Sie hierbei auf eine gute Länge. Die Knie sollten mindestens erreicht werden. Auch ist eine Öffnungsmöglichkeit am Hals wichtig. Wenn Sie mit dem Kopf nur gerade so durchkommen, ist der Poncho absolut ungeeignet. Der Dampf kann nicht hinaus und man bekommt ein beklemmendes Erstickungsgefühl. Zwingend sollte ein Poncho so geschnitten sein, dass er den Rucksack mit abdeckt. Wenn Sie den Rucksack über dem Poncho tragen, wird Ihnen der Regen den Rücken hinunterlaufen und den Rucksack an der Rückenseite durchnässen. Da hilft Ihnen eine separate Rucksackabdeckung leider auch nicht. Die Variante mit Regenjacke und Regenhose hat das Problem, dass man darin spätestens am ersten Anstieg unfassbar ins Schwitzen kommt. Dann ist die Kleidung ebenso nass. Manche Pilger gehen auch mit Regenschirm, durchaus eine ernstzunehmende Ergänzung. Aber es ist auch wieder Gewicht. Ich persönlich bevorzuge einen Poncho mit Softshelljacke darunter und lasse Regen- bzw. Hardshelljacke zu Hause. Wenn es lange regnet, wird man über kurz oder lang sowieso bis auf die Knochen durchnässt, völlig unabhängig von der Schutzkleidung.

Wanderstöcke

Tun Sie sich einen Gefallen und nehmen Sie ein Paar Teleskopstöcke mit. Längenverstellbar, mit weichem Griff und möglichst leicht ist die Ausführung Ihrer Wahl. Gehen mit Stöcken entlastet den ganzen Gehapparat und speziell Ihre Knie. Bergauf und bergab bieten sie eine echte Erleichterung und verleihen zudem mehr Stabilität auf etwas schlechterem Untergrund. Mit Stöcken in der Hand geht man aufrechter. Dies macht sich hauptsächlich am Nachmittag bemerkbar, wenn der Rucksack den Körper zu beugen beginnt. Durch die Bewegung der Arme schmerzen die Gurte auf den Schultern spürbar weniger und Ihr Oberkörper ist am Abend deutlich weniger verspannt. Auf langen Etappen bleibt man bis zum Abend gut im Rhythmus und kann die Geschwindigkeit besser halten.

Jakobus den Älteren erkennt man unter den Aposteln an Wanderstab, Kalebasse und Schlapphut mit Muschel. Ein solcher Wanderstab mag für manchen aus romantisch verklärter Sicht erste Wahl sein. In physiotherapeutischen Kreisen gilt er eher als Katastrophe, da der Körper permanent einseitig belastet wird.

Und mal ehrlich: Die Kalebasse werden Sie auch durch eine Flasche mit Schraubverschluss ersetzen, griffbereit aufbewahrt in der Seitentasche Ihres Rucksacks …

Schlafsack

In den meisten Herbergen gibt es keine Bettwäsche, sondern nur die blanke Matratze unterschiedlichen Herstellungsdatums. Für einen gewissen Hygienestandard müssen Sie also selbst sorgen. Ein dünner und leichter Schlafsack aus Seide oder Mischgewebe wird hierfür gerne genommen, ein sogenanntes Inlett. Damit ist man schon mal etwas geschützt. Manche Herbergen auf den viel begangenen Wegen stellen mittlerweile Einwegleintücher aus dünnem Gewebe zur Verfügung.

Diese haben kaum Gewicht und sind bei zarter Behandlung durchaus auch viele Nächte nutzbar – eine absolut sinnvolle Ergänzung. Sie sind per Internet im Pilger- oder Sanitätsfachhandel bestellbar. In kälteren Jahreszeiten kann auch ein kompakter Daunenschlafsack hervorragende Dienste leisten, da bei Weitem nicht alle Unterkünfte wohlig beheizt sind und manchem eine einzelne Wolldecke etwas kühl erscheinen mag.

Kleine Helferlein, an die man vielleicht nicht denken würde:

- Sicherheitsnadeln. Damit lassen sich Textilien außen am Rucksack befestigen, ohne sie zu verlieren. So manch einzelne Socke wurde am Weg schon gefunden.
- Dünne Reepschnur mit 2 mm Stärke und 4 m Länge. Eine Wäscheleine ist damit schnell improvisiert, zum Beispiel vom Fenstergriff zum Schrankscharnier. Außerdem verwendbar als Schnürsenkel, zum Reinigen von unappetitlich gewordenen Trinkschläuchen usw.
- Ein leichter Blechbecher kann nicht schaden. Daraus schmecken Suppe, Müsli, Wasser, Kaffee und Rotwein gleichermaßen gut.

Créanciale

Wichtiges Utensil für einen Pilger ist sein Pilgerausweis mit der Sammlung von Stempeln. Im Spanischen wird er „Credencial del Peregrino" genannt, die französische Übersetzung lautet „Créanciale du Pèlerin". Die Stempel holt man sich bei jeder Übernachtung von seinen Herbergsleuten und lässt sich das Datum der Ankunft dazuschreiben. Außerdem bekommen Sie in den großen Kirchen und Kathedralen ebenfalls sehr schöne Stempel an den Infoständen. In kleineren Kirchen liegen diese manchmal aus und Sie stempeln selbst.

Wenn man nach vielen Kilometern in Santiago de Compostela in Spanien angekommen ist, erhält man nach Vorlage des Pilgerausweises seine Compostela, eine Urkunde mit Namen und den gegangenen Kilometern. Dabei ist es unerheblich, ob man den Weg in einem durchgegangen ist oder ihn in mehrere bis viele Abschnitte über diverse Jahre hinweg unterteilt hat. Gegangen ist gegangen. Auch wenn Sie jetzt noch nicht planen, bis an das nordöstliche Ende Spaniens zu gehen, sollten Sie Ihr Créanciale mitführen und in Ehren halten. Vielleicht finden Sie ja Geschmack am Pilgern und würden es dann bereuen.

Es hat aber noch ganz wesentliche andere Gründe. In vielen Herbergen werden Sie ohne ein aktuelles Créanciale gar nicht aufgenommen, genauso ist es bei einigen privaten Unterkünften.

Zudem geben viele Ihrer Herbergsleute teils ordentliche Preisnachlässe für Pilger, die sich auf dem gesamten Weg ordentlich summieren können. Bei allen Preisangaben in diesem Führer sind die Rabatte für Pilger bereits eingerechnet.

Ohne Pilgerausweis können Sie also nicht davon ausgehen, eine durchgängige Beherbergungskette vorzufinden und bezahlen oft ein Drittel mehr.

Idealerweise bestellen Sie sich für die Via Campaniensis Ihr Créanciale vorab im Internet, da es auf der Via Campaniensis keine Möglichkeit zum Kauf des Dokumentes gibt. Entsprechende Onlineshops gibt es genug, die Stichworte „Pilgerpass Jakobsweg" reichen aus, um fündig zu werden. Selbst gemachte Pilgerausweise werden auf dem Weg und in Santiago nicht akzeptiert, die Verlängerung eines Originals um mehrere Seiten zur Aufnahme der kompletten Sammlung aber schon.

Achten Sie darauf, den Ausweis gut und trocken zu verstauen – Gefrierbeutel mit Zip-Verschluss sind hier das Mittel der Wahl.

Diplomatische Vertretung

(D) Botschaft der Bundesrepublik Deutschland in Frankreich, 13/15 Avenue Franklin D. Roosevelt, 75008 Paris, ☎ +33/1/53 83 45 00, www.allemagne-en-france.diplo.de

(A) Botschaft der Republik Österreich in Frankreich, 6 Rue Fabert, 75007 Paris, ☎ +33/1/40 63 30 63, paris-ob@bmeia.gv.at, www.amb-autriche.fr

(CH) Botschaft der Schweizerischen Eidgenossenschaft, 142 Rue de Grenelle, 75007 Paris, ☎ 33/1/49 55 67 00, paris@eda.admin.ch, eda.admin.ch/paris

(D) Botschaft der Französischen Republik in Deutschland, Pariser Platz 5, 10117 Berlin, ☎ +49/30/590 03 90 00, de.ambafrance.org

(A) Botschaft der Französischen Republik in Österreich, Technikerstraße 2, 1014 Wien, ☎ +43/1/50 27 50, at.ambafrance.org

(CH) Botschaft der Französischen Republik in der Schweiz, Schosshaldenstraße 46, 3006 Bern, ☎ +41/31/359 21 11

Einkaufen

Auf der Via Campaniensis gibt es bei Weitem nicht in jeder Ortschaft auch eine Einkaufsmöglichkeit für Lebensmittel. Achten Sie im Führer daher auf die Symbole neben den Ortsnamen. Ein 🛒 bedeutet, dass auch tatsächlich ein Supermarkt vorhanden ist. Das Symbol ⚖ steht entweder für einen kleinen Lebensmittelladen mit dem Nötigsten für den täglichen Gebrauch oder für eine Bäckerei.

Diese haben oft auch ein kleines Sortiment, das über Backwaren hinausgeht, und sind schon des Öfteren speziell auf den Bedarf von Pilgern eingestellt. Auch die ☞ Wochenmärkte sind mit diesem Symbol gekennzeichnet.

Oft bekommen Sie ja in der Unterkunft ein Abendessen und Frühstück serviert. Dennoch sollten Sie immer etwas Proviant im Rucksack haben. Schließlich weiß man nie, was passiert. Zudem mutet man sich beim tagelangen Gehen schon auch etwas zu. Bis sich der Körper auf den neuen Rhythmus eingestellt hat und Sie ein Gefühl dafür haben, wieviel Verbrennungsmaterial Sie am Tag benötigen, sollte eine Ration für plötzliche Hungerattacken oder die kleine Schwäche zwischendurch immer dabei sein.

✋ Nahezu alle kleineren Läden machen in Frankreich eine Mittagspause und öffnen erst wieder zwischen 15:00 und 16:00 Uhr!

✋ Montags sind in Frankreich fast alle Läden geschlossen, dafür haben Lebensmittelläden des Öfteren auch sonntags ein paar Stunden geöffnet.

Gelegenheit zum Einkauf und zur Erfrischung

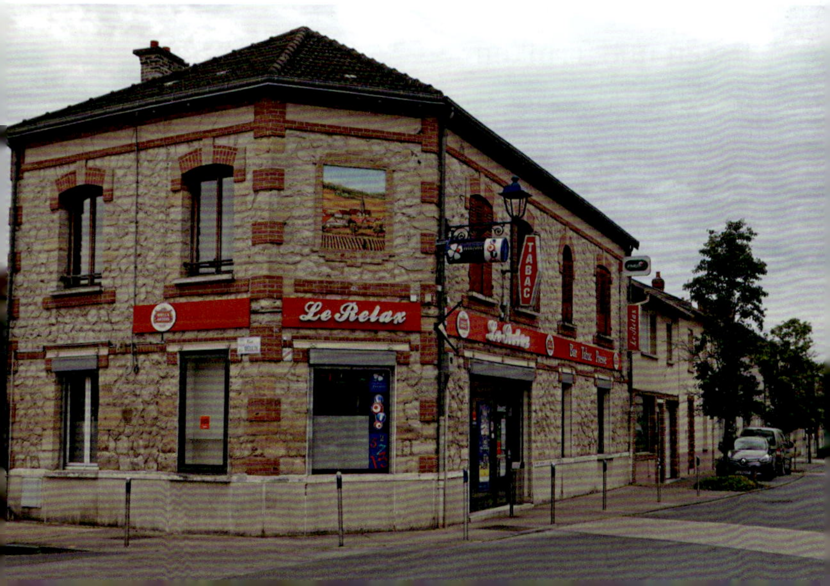

Planen Sie also mit den Übernachtungen auch Ihre Verpflegung und Ihren Einkauf.

Elektrizität

Die elektrische Spannung an einer „normalen" Wandsteckdose liegt wie in Deutschland in Frankreich bei 220-230 Volt. Sie können also alle mitgebrachten elektrischen Geräte bedenkenlos einstecken. Flache Euro-Stecker ohne Nullleiter/Erdung passen in jede Steckdose. Bei den runden Steckern mit Erdung sieht es eventuell anders aus. Achten Sie darauf, dass Ihr Stecker nicht nur die beiden herausstehenden Pins zur Stromführung hat, sondern auch noch ein Loch für den Pin zur Erdung, der in französischen Steckdosen heraussteht. Bei allen einigermaßen zeitgemäßen Geräten sollte dies aber ohnehin der Fall sein.

☺ Stecken Sie Ihr Mobiltelefon in einen Ihrer Wanderschuhe, wenn Sie es nachts laden. So können Sie es am nächsten Morgen auf keinen Fall vergessen, auch nicht an einer weit entfernten Steckdose. Ohne Telefon geht man schon mal los, mit nur einem Schuh an den Füßen niemals.

Essen und Trinken

Meist wird bei privaten Unterkünften Abendessen und Frühstück mit angeboten. Dies ist eine für Pilger recht praktische Möglichkeit, ohne großen Aufwand zu einer ausreichenden und meist auch preisgünstigen Mahlzeit zu kommen. Gehen Sie davon aus, ein Drei-Gänge-Menü zu bekommen. Sie werden dabei des Öfteren mit den Herbergsleuten zusammensitzen und gemeinsam essen. Nutzen Sie diese Gelegenheit, um vom Wissen der Einheimischen zu profitieren. Man erfährt über die Spezialitäten der Region sowie die kulturell und geschichtlich wichtigen Ereignisse. Für Sie als Pilger ist natürlich noch wichtiger, was der nächste Abschnitt des Weges bringt und welche Dinge dabei zu beachten sind. Diese Informationen aus erster Hand sind oftmals Gold wert, sparen Zeit und Kilometer und vermeiden manche Enttäuschung.

Die Öffnungszeiten der Einkehrmöglichkeiten am Weg sind in diesem Führer mit angegeben, wo immer es möglich war, diese zu recherchieren, und wo man sich auch auf die Angaben verlassen kann.

Bei allen anderen Restaurants und Lebensmittelläden kann es für Sie sinnvoll sein, dass Sie vorab nachfragen.

Das Frühstück (franz. *petit-déjeuner*) besteht in Frankreich traditionell aus Weißbrot, Butter und Marmelade. Dazu gibt es Kaffee oder Tee. Nur selten wird Ihnen darüber hinaus auch etwas Herzhaftes wie Wurst oder Käse angeboten werden. Auf ein Frühstücksbuffet mit reichhaltiger Auswahl können Sie sich nur in Hotels freuen, und auch das nicht immer.

Eine Eigenheit in Frankreich ist das Gedeck zum Frühstück. Einen Teller werden Sie dazu nicht oft aufgelegt bekommen. Eine Papierserviette als Unterlage für Ihr Marmeladenbrot ist normal, manchmal ist es auch einfach nur die Tischplatte – mit und ohne Tischdecke.

Vor dem Zubettgehen wird oft ein Tee oder Kräuteraufguss angeboten. Als *thé* gelten hier nur schwarzer, grüner, weißer und gelber Tee, gewonnen aus einer Teepflanze. Was in Deutschland als Kräutertee bezeichnet wird, nennt sich in Frankreich *tisane* oder gleichbedeutend im Sprachgebrauch auch *infusion*.

Etappen

Auf der Via Campaniensis gibt es keine durchgehende Kette an reinen Pilgerunterkünften (☞ Unterkunft), die eine klare Einteilung in Tagesetappen vorgeben würde. Zudem werden viele von Ihnen über Belgien kommend schon gut eingegangen sein und durchaus längere Strecken an einem Tag zurücklegen wollen, als dies Einsteiger in eine Pilgerfahrt zu gehen vermögen. Daher ist der Führer kontinuierlich von einer Übernachtungsmöglichkeit zur nächsten aufgebaut. So können Sie sich Ihre Etappen nach Gusto und Tagesform bequem selbst zusammenstellen.

Grob lässt sich der Weg in fünf Abschnitte einteilen:

Rocroi – Reims	100,8 km
Reims – Sézann	90,4 km
Sézanne – Troyes	64,1 km
Troyes – Chablis	79,6 km
Chablis – Vézelay	55,0 km
Wegstrecke gesamt	**389,9 km**

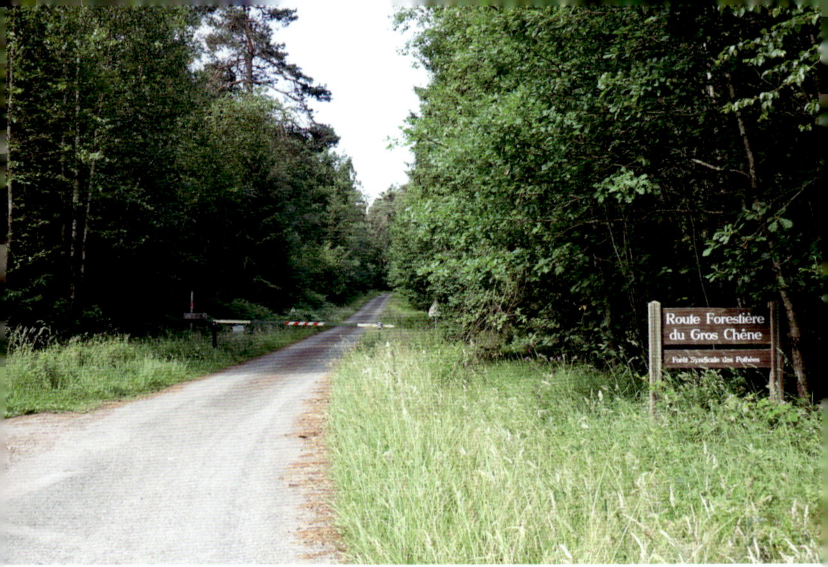

Ruhiger Waldweg bei Sévigny-la-Forêt

Geld

Auf dem Jakobsweg stehen Ihnen nicht immer Geldautomaten zur Verfügung, vor allem in kleineren Ortschaften. Hinweise auf Geldautomaten finden Sie in diesem Führer mit dem Symbol BANK bei jeder Ortsbeschreibung. Kein Symbol – kein Geldautomat.

Achten Sie darauf, immer ausreichend Bargeld dabeizuhaben. Zwei bis drei Tage sollten Sie schon durchkommen können. Scheine lassen sich ja bequem auf Rucksack, Geldbörse und z. B. einen Geldgürtel mit integriertem Reißverschluss aufteilen.

Private Unterkünfte sind immer in bar zu bezahlen. Hotels akzeptieren EC-Karten und Kreditkarten, ebenso nahezu alle Geschäfte. Nur in kleineren Lebensmittelläden und Bäckereien werden Sie zumeist auf Bargeld angewiesen sein.

GPS-Tracks

Die GPS-Tracks zu den beschriebenen Wegen können Sie von der Internetseite des Verlags (💻 www.conrad-stein-verlag.de) herunterladen.

📖 **GPS** *Grundlagen · Tourenplanung · Navigation* von Michael Hennemann, Conrad Stein Verlag, Basiswissen für draußen, ISBN 978-3-86686-495-5, € 9,90

Jakobsmuschel

In früheren Zeiten galt die mit nach Hause gebrachte Jakobsmuschel als Beweis dafür, dass der Pilger den Weg auch bis an die Küste Spaniens zu Ende gegangen war. Heute ist es üblich, sich eine Muschel als Zeichen für die Pilgerschaft und Grund des Unterwegsseins außen an den Wanderrucksack zu hängen. Ich kann es nur empfehlen. Die Muschel ist bei den Einheimischen Türöffner und nicht zuletzt der Anfang vieler guter Gespräche am Wegesrand.

Klima und Reisezeit

Ab Mitte März öffnen die Herbergen, Ende September bis Mitte Oktober schließen sie wieder für die Wintermonate. Daher sei diese Zeit für den Weg empfohlen. Eine jede Jahreszeit hat ihre Eigenheiten, das Klima unterscheidet sich nicht großartig zu dem in Deutschland. Theoretisch ist es natürlich möglich, den Weg auch im Winter zu gehen. Mit Schnee sollten Sie dann aber rechnen und die Übernachtungsmöglichkeiten rechtzeitig klären.

Landkarten

☺ Eine Karte sei vorab wärmstens ans Herz gelegt: Das Blatt IGN 1M922 Les chemins vers Saint-Jacques de Compostelle im Maßstab 1:1.000.000. Es bietet einen sehr schönen Überblick über alle Jakobswege in Frankreich.

Die besten Karten für Wanderer produziert in Frankreich das IGN oder „l'Institut national de l'information géographique et forestière", wie es ausgeschrieben heißt.

Verschiedene Kartenserien stehen Ihnen zur Verfügung. Die berühmte Serie Bleue im Maßstab 1:25.000 oder auch die Top100 im Maßstab 1:100.000.

Meiner Meinung nach ist es nicht sinnig und auch nicht notwendig, für den kompletten Weg Landkarten mitzuschleppen. Alleine aus der Serie Top100 wären das schon die beidseitig bedruckten Blätter 104, 105, 110, 120, 128.

Wenn Sie ein GPS-Gerät mit sich führen, wissen Sie sowieso immer, ob Sie noch auf dem offiziellen Weg sind.

☺ Ich empfehle ganz klar, ein Smartphone mitzuführen und dies mit einer Navigations-App für Wanderer zu bestücken. Damit können Sie im Falle einer Unsicherheit kurz draufgucken und wissen, wo Sie sind und hinmüssen.

☺ Arbeiten Sie zum Beispiel mit OSM-Karten, den im Internet frei zur Verfügung stehenden Open-Street-Maps. Es gibt – ebenfalls frei zu Verfügung stehend – aufbereitete Karten für Wanderer und Radfahrer, wie beispielsweise unter 💻 www.openandromaps.org. Zollen Sie den Betreibern mit einer Spende Respekt für deren aufwendige Arbeit.

✋ Downloaden Sie die Karten und den GPS-Track noch zu Hause auf Ihr Smartphone, Sie werden definitiv nicht auf der ganzen Strecke Empfang und damit Zugriff auf das Internet haben.

☺ Die Kartenempfehlungen wurden von der Geobuchhandlung Kiel überprüft. 💻 www.geobuchhandlung.de

Markierungen

Der Jakobsweg ist auf der Via Campaniensis mit einem gelben und einem blauen Streifen gekennzeichnet. Eine Richtungsänderung wird jeweils mit einem gelben, gewinkelten Pfeil nach rechts oder links markiert. Manchmal sind Abzweigungen mit einem blau-gelben diagonalen Kreuz als falsche Richtung markiert.

Natürlich ist auch auf der Via Campaniensis das gelbe Muschelsymbol auf blauem Grund zu sehen, das europaweite Erkennungszeichen für einen Jakobsweg nach Santiago de Compostela.

In Frankreich gibt es ein weites Netz an gekennzeichneten Wanderwegen. Die Fernwanderwege darunter werden als Grande Randonnée bezeichnet, in Kurzform GR, und mit einer Nummer identifiziert. Die Markierung ist in den Farben weiß und rot gehalten, die Systematik mit Doppelstreifen und Richtungspfeilen ist identisch.

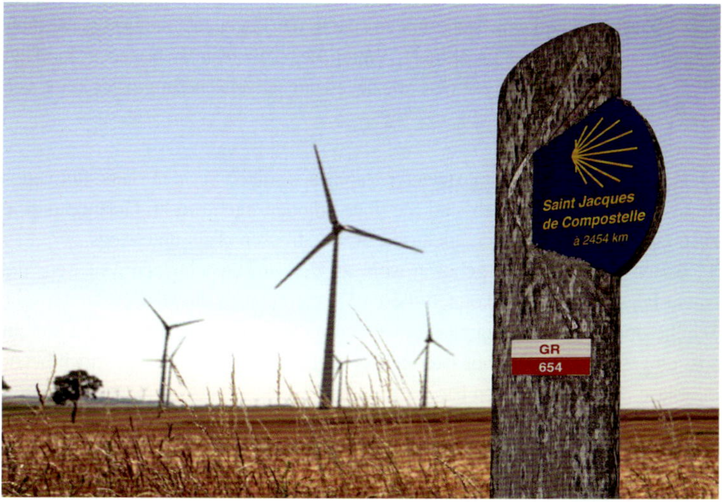

Wegmarkierung

Oftmals decken sich die Routenführung von GRs und Jakobsweg über längere Strecken. Dann tauchen nur ab und an die bekannten gelb-blauen Streifen auf und Sie folgen einfach den weiß-roten.

Aufmerksamkeit ist geboten, wenn sich der Jakobsweg und ein GR wieder trennen. Meist ist dann aber das gelb-blaue Kreuz am falschen Weg zur Stelle und macht darauf aufmerksam.

Grundsätzlich ist die Via Campaniensis gut markiert. An kritischen Stellen wird in diesem Führer darauf hingewiesen.

Medizinische Versorgung

Vor Ihrer Reise sollten Sie sich mit dem Thema Krankenversicherung kurz beschäftigen. Die gesetzlichen Krankenversicherungen übernehmen in der Regel die Behandlung im Ausland bis zu der Höhe, die die Behandlung in Deutschland gekostet hätte. Eine internationale Reisekrankenversicherung mit Rücktransportoption macht auf jeden Fall Sinn.

Auslandskrankenversicherungen sind in der Regel auf eine bestimmte Aufenthaltsdauer am Stück beschränkt. Wenn Sie z. B. planen, bis nach Santiago durchzugehen, benötigen Sie eine spezielle Langzeitversicherung. Hier lohnt sich ein Preis-Leistungs-Vergleich.

Für die akute Versorgung kleinerer Handicaps sollten Sie eine kleine Reiseapotheke mitführen. Schließlich sind Sie über Stunden irgendwo im Gelände und je nach Gegend und Tageszeit auch über weite Strecken allein unterwegs.

Blasen an den Füßen gehören wohl zu den unangenehmsten Malaisen, die einem Pilger widerfahren können. Lesen Sie hierzu auch die Hinweise unter ☞ Schuhe und Socken. Blasenpflaster werden meiner Erfahrung nach meist viel zu spät eingesetzt. Ein Blasenpflaster gehört schon auf eine Druckstelle, noch bevor die Blase richtig entstanden ist.

Zur Aufbringung eines Blasenpflasters gibt es einen Trick. Kleben Sie es auf und drücken Sie mit der Handfläche vollflächig darauf. Nehmen Sie die Hand erst weg, wenn Haut, Pflaster und Hand gleichmäßig durchgewärmt sind. An einem kalten Regentag führte das schon dazu, dass ich 20 Minuten in einer leeren Kirche saß und Pflaster und Fuß zu erwärmen versuchte. Es lohnte sich, das Pflaster hielt drei Tage und mehrere Duschen.

Notruf

Über die europaweit einheitliche Notfallnummer 112 erreichen Sie auch in Frankreich Krankenwagen Polizei und Feuerwehr. Dies funktioniert aus dem Festnetz und Mobil. Vergessen Sie nicht die internationale Vorwahl, also 00 33/112.

Post

Postämter sind in Frankreich noch recht häufig anzutreffen. In kleineren Orten sind die Öffnungszeiten jedoch oftmals auf wenige Stunden in der Woche beschränkt. Wenn Sie also etwa überflüssige Ausrüstung nach Hause senden möchten, planen Sie dies für den Aufenthalt in einer der größeren Städte ein. Der Versand von Paketen nach Deutschland ist nicht ganz billig. Für einen vollen Schuhkarton können Sie mit ca. € 20 rechnen.

Beim Ausfüllen des Formulars müssen Sie als Absender eine Adresse in Frankreich angeben. Da man als Pilger diese meist nicht hat, tut es auch die Adresse Ihrer aktuellen oder letzten Unterkunft mit einem Hinweis auf Ihren Namen.

Radfahrer

In diesem Führer wird selbstverständlich auch auf die Bedürfnisse von Radpilgern eingegangen. Sollte ein Wegabschnitt mit einem Fahrrad nicht vernünftig zu bewältigen sein, finden Sie zu Beginn der Etappenbeschreibung die Hinweise auf alternative Routen. Diese sind mit einem  gekennzeichnet. Gibt es diesen Hinweis nicht, ist die Strecke mit einem stabilen Reiserad gut zu bewältigen. Ein Mountainbike ist dafür nicht notwendig. Die Tatsache, dass Sie auf dem Fahrrad auch Gepäcktaschen mitführen, ist dabei berücksichtigt.

Bei der Festlegung der alternativen Routen wurde darauf geachtet, möglichst kleine Straßen mit wenig Autoverkehr zu wählen. Dadurch kommen Sie oft in den Genuss von wirklich idyllischen Sträßchen durch abwechslungsreiche Landschaften mit kleinen, pittoresken Orten. Die Qualität des Straßenbelages ist dabei fast immer hervorragend und Sie können das Rad laufen lassen. Viel Spaß.

Fahrräder für die Nacht sicher zu verstauen, ist bei allen Übernachtungsmöglichkeiten kein Problem und Ihre Herbergsleute werden Ihnen gerne hilfreich zur Seite stehen.

Sprache

Die Landessprache in Frankreich ist natürlich Französisch. Die Sprache ist nicht leicht zu erlernen, da das gesprochene Wort vom geschriebenen stark abweicht. Dennoch schadet es nicht, sich als Pilger mit einem gewissen Grundwortschatz vertraut zu machen. Schließlich bestellen Sie jeden Tag Ihre Unterkunft im Voraus und möchten sich sicher auch mit den Herbergsleuten unterhalten.

In diesem nördlichen Landesteil sprechen viele der Einwohner eine zweite Sprache. Dies ist neben Englisch durchaus auch Deutsch und in den Ardennen manchmal Niederländisch. Wenn Sie des Französischen nicht mächtig sind, lohnt es sich immer, diesbezüglich nachzufragen. Die Franzosen sind Pilgern gegenüber sehr hilfsbereit eingestellt und Sie werden eine Möglichkeit zur Verständigung finden.

Bei Telefonaten zur Bestellung einer Unterkunft hat sich bewährt, Fragen zu stellen, die mit Ja oder Nein beantwortet werden können. Wenn die Antwort bei Ihnen unklar ankam, machen Sie aus der Frage eine Behauptung und fragen Sie dann nach, ob das so korrekt ist. Dann haben Sie immer eine klare Aussage und wissen, ob Ihr Bett für die Nacht gesichert ist.

Unter ☞ Wortschatz finden Sie eine Zusammenstellung der wichtigsten Fragen und Wörter, die Sie als Pilger brauchen werden.

Telefon und Internet

Die Telefonnummern in Frankreich beginnen immer mit einer Null. Wenn Sie aus dem Ausland oder von Ihrem Handy eine Nummer in Frankreich anrufen, lassen Sie die Null weg und setzen Sie die internationale Vorwahl von Frankreich davor. Diese ist 00 33. Je nach Anbieter und Vertrag funktioniert der Rufaufbau auch ohne die internationale Vorwahl. Französische Nummern mit einer 06 oder 07 am Anfang weisen auf eine Mobilfunknummer hin.

In diesem Führer sind alle Nummern ohne die internationale Vorwahl angegeben, Festnetzanschlüsse sind mit dem Symbol ☏ gekennzeichnet, Mobilfunknummern mit dem Symbol 📱.

Auf dem Land kann es gut auch über weite Strecken vorkommen, dass Sie keine Verbindung bekommen. Mein Tipp daher: Versetzen Sie Ihr Smartphone tagsüber während des Gehens in den Flugmodus. Das spart Akku und bringt Ruhe in Ihr Leben. Dennoch können Sie alle wichtigen Funktionen wie Fotoapparat und Offline-Navigation bequem nutzen.

☺ Kostenloser Internetzugang – in Frankreich wifi genannt und so gesprochen wie geschrieben – ist wie überall in Europa mittlerweile sehr oft verfügbar. Neben Cafés und Restaurants auch in allen Touristeninformationen.

Bei Vorhandensein von kostenfreiem Wifi in den Unterkünften wird dies in dem Führer mit dem Zeichen @ angezeigt. Die Geschwindigkeit jedoch lässt leider sehr oft zu wünschen übrig. Außerdem können Sie keinesfalls davon ausgehen, dass die Verbindung auch in Ihrem Zimmer klappt. Dem Streaming-Genuss eines Filmes am Abend zum Beispiel sind somit meist klare Grenzen gesetzt. Dies ist auch in Hotels des Öfteren so.

Trinkwasser

Zu Ihrem eigenen Wohlergehen ist es absolut wichtig, dass Sie sowohl auf dem Weg als auch am Abend Ihrem Körper ausreichend Flüssigkeit zuführen. Das Trinkwasser ist im Norden Frankreichs von sehr guter Qualität und kann problemlos getrunken werden. Nur in Sondersituationen bei großer Hitze etc. wird das Wasser manchmal gechlort. Das werden Sie schon schmecken, trinkbar bleibt es dadurch aber prinzipiell immer noch. Lassen Sie an lange nicht benutzten Wasserhähnen zuerst das in der Leitung abgestandene Wasser durchlaufen und nehmen Sie frisches.

Betreiben Sie sogenanntes „Cameling“, wie die amerikanischen Fernwanderfreunde von den großen Trails es nennen. Der Begriff leitet sich von „Kamel“ ab und bedeutet, dass Sie bei günstiger Gelegenheit so viel Wasser in sich hineintrinken, wie nur irgendwie Platz ist. Was getrunken ist, muss nicht getragen werden. Zudem reicht Ihr Vorrat länger.

Eine 1-Liter-Flasche sollten Sie immer bei sich haben. Ein auf jede beliebige Flasche aufschraubbarer Trinkschlauch mit Befestigung am Rucksackgurt ist im Handel mit diversen Adaptern erhältlich und erhält bei mir den Vorzug vor einem Wasserbeutel mit Schlauch.

Mit etwas Erfahrung als Fernwanderer werden Sie wissen, wann Sie wieder auffüllen müssen. Vor langen Wegabschnitten ohne Ortsdurchquerung sollten Sie das immer tun. Behalten Sie daher Ihre aktuelle Wasser- und Wegsituation immer etwas im Hinterkopf.

Trinkwasserbrunnen gibt es auf der Via Campaniensis nur sehr wenige. Allerdings gibt es auf fast jedem Friedhof Trinkwasser. Auch die Bevölkerung ist Pilgern gegenüber sehr freundlich eingestellt und keiner wird Ihnen eine Füllung mit Leitungswasser verwehren. In jedem Ort ist jemand zu finden, der Ihrer Bitte nach Wasser gerne nachkommt. Erzählen Sie, woher Sie kommen und wohin Sie gehen, und Ihnen werden Tür und Tor offenstehen.

Unterkunft

Die Via Campaniensis ist zwar als Zubringer zur Via Lemovicensis, die in Vézelay startet, bekannt und begangen, die massiven Pilgerströme sind hier aber noch nicht unterwegs. Daher baut sich die Infrastruktur für Pilger erst nach und nach auf. Es gibt daher leider noch keine durchgehende Kette reiner Pilgerherbergen. Eine bunte Mischung an Unterbringungen wird Sie erwarten.

☞ Sie sollten sich bei **allen** Unterkünften vorher anmelden, spätestens am Tag vor Ihrer Ankunft, besser noch zwei Tage vorher. Die Anzahl der Betten ist meist begrenzt, auch die kleinen Hotels auf dem Land haben nicht viele Zimmer. Während der Ferien und an verlängerten Wochenenden genießen auch die Franzosen gerne die Natur und sind unterwegs. In Weinregionen werden zur Zeit der Weinlese die Betten oft an Helfer vergeben. Privatleute, die Übernachtungen anbieten, möchten sich sowieso immer auf Übernachtungsgäste einstellen. Wenn auch Mahlzeiten angeboten werden, beginnt dies schon beim Einkauf der Lebensmittel.

Die privaten Unterkünfte und auch privat betriebene Gîtes werden zumeist ganzjährig vermietet. Wenn eine Unterkunft jahreszeitenbedingt geschlossen wird, ist dies mit angegeben.

Hinter diesem Symbol finden Sie Übernachtungsmöglichkeiten, die meist speziell auf die Bedürfnisse von Pilgern und Wanderern ausgelegt sind und immer die preisgünstigste Unterbringung bieten.

Reine Pilgerherbergen tragen auf diesem Abschnitt des Jakobsweges sehr unterschiedliche Namen und sind nur in den größeren Zentren zu finden.

Als Gîte municipal werden Herbergen für Wanderer und Pilger bezeichnet, die von der jeweiligen Kommune betrieben werden. Die Ausstattung ist mal komfortabel, mal sehr einfach, aber immer ausreichend. Sie finden hier mehrere Betten je Raum, eine warme Dusche, einen Gemeinschaftstisch und oft eine Kochgelegenheit. Die Kontaktadresse ist meist das Gemeindeamt selbst, beachten Sie hier unbedingt die beschränkten Öffnungszeiten zur telefonischen Anmeldung und später zur Übergabe des Schlüssels. Die Preise sind sehr gemäßigt.

Eine Gîte d'étape ist ursprünglich für Wanderer auf den GRs angelegt und wird ebenfalls meist von den Kommunen betrieben. Selbstverständlich sind diese auch für Pilger offen. Die Ausstattung entspricht einer Gîte municipal.

Die Vokabel Foyer tragen unterschiedliche Organisationen im Namen. Dies sind Altenheime, Jugendwohnheime, aber auch privat geführte Lern- und Wohneinrichtungen.

Alle hier gelisteten Foyers öffnen ihre Pforten gerne auch für Pilger und bieten oft Zimmer mit eigenem Bad, Bettwäsche und gemeinschaftliche Küchen.

Manch klerikale Einrichtungen wie Klöster oder (ehemalige) Priesterseminare nehmen ebenfalls gerne Pilger auf. Die Atmosphäre ist angenehm und entspannt, in den Städten immer eine empfehlenswerte Oase der Ruhe. Die Teilnahme an Gottesdiensten und gemeinschaftlichen Gebeten wird entweder schon beim Empfang angeboten oder auf Nachfrage meist gerne gewährt.

Das Symbol kennzeichnet sowohl Privatzimmer oder private Pensionen als auch Hotels.

In Frankreich gibt es eine große Tradition der Vermietung von Privatzimmern, Chambres d'hôtes genannt. Auch Freunde des Jakobsweges, die ausschließlich Pilger in ihre privaten Räume aufnehmen, sind so gekennzeichnet. Die Atmosphäre ist sehr familiär, die Ausstattung meist reichhaltig. Fast immer wird Frühstück und Abendessen mit angeboten. Man sitzt oft mit der Familie an einem Tisch und genießt ein Drei-Gänge-Menü.

Sollten Sie manche Speisen vermeiden oder gegen bestimmte Lebensmittel allergisch sein, sprechen Sie dies bei Ihrem ersten Kontakt am Telefon schon an. Eine Anmeldung ist immer erforderlich, mindestens einen Tag im Voraus. Bedenken Sie, dass Ihre Gastgeber Privatpersonen sind, die sich auf Ihren Besuch einstellen möchten und den Einkauf auf die Anzahl der Gäste ausrichten müssen.

Hotels werden im Titel auch so benannt und sind dadurch leicht zu erkennen. Die Städte bieten natürlich alle eine Vielzahl von Hotels. Hier gelistet ist eine kleine Auswahl mit noch moderaten Preisen oder speziellen Konditionen für Pilger. Informationen darüber erhalten Sie am einfachsten über die jeweiligen Tourismusbüros, deren Mitarbeiter meist auch Deutsch sprechen.

Campingplätze sind in Frankreich an touristischen Hotspots zahlreich, aber auch auf dem Land vorhanden. Die Qualität ist fast immer gut bis sehr gut, die Ausstattung sauber und ausreichend. Die Preise beziehen sich im Buch auf eine Person mit einem Zelt. Werden fest installierte Hütten oder Caravans vermietet, ist dies in der Beschreibung erwähnt. Manche privaten Gastgeber erlauben das Aufstellen von mitgebrachten Zelten in ihrem Garten, auch darauf ist jeweils hingewiesen. Viele Bauern auf dem Land haben auf Nachfrage ebenfalls nichts dagegen, dass Sie Ihr Zelt für eine Nacht auf ihrem Grund aufstellen.

Die Vorlage eines Stempelpasses für Pilger (Créanciale) wird bei sehr vielen Unterkünften vorausgesetzt, um den ermäßigten Preis zu erhalten oder um überhaupt aufgenommen zu werden. Führen Sie unbedingt einen mit und legen Sie ihn unaufgefordert bei der Ankunft vor. Die entsprechenden Ermäßigungen sind in die angegebenen Preise bereits eingearbeitet.

Updates

Der Conrad Stein Verlag veröffentlicht Updates zu diesem Wanderführer, die direkt vom Autor oder von den Lesern des Buches stammen. Sie finden diese auf der Verlagshomepage www.conrad-stein-verlag.de. Der links abgebildete QR-Code führt Sie direkt dorthin.

Verkehrsmittel am Weg

Eisenbahn

Die französische Eisenbahngesellschaft trägt den Kurznamen SNCF und ist unter www.sncf.com im Internet auch in deutscher Sprache zu finden. Der Fahrkartenkauf erfolgt auf www.oui.sncf, die gleichnamige App funktioniert gut und bietet besten Service für unterwegs. Alle Produkte für die Tochtergesellschaften der SNCF, wie z. B. TER für regionale Verbindungen, lassen sich hierüber ebenfalls buchen. Selbstverständlich können Fahrkarten in größeren Bahnhöfen auch am Schalter gekauft werden, Service wird hier großgeschrieben. Mit Englisch und im Grenzgebiet auch Deutsch kommt man hier meist gut durch.

Die Züge in Frankreich sind fast immer pünktlich, das Reisen entsprechend entspannt, angenehm und empfehlenswert.

Das Streckennetz der französischen Eisenbahn ist sternförmig auf Paris ausgelegt. Das kann manchmal zu ordentlichen Umwegen führen. Die angebotenen Verbindungen sind auch nicht immer auf die kürzeste Strecke ausgelegt, sondern die kürzeste Reisedauer oder die wenigsten Umstiege. In Paris muss manchmal der Bahnhof gewechselt werden. Für Ortsunkundige kann das bei begrenzter Zeit schon eine hübsche Herausforderung sein. Lassen Sie sich notfalls am Schalter im Bahnhof beraten.

Bei überregionalen Verbindungen werden nur so viele Tickets verkauft, wie Sitzplätze im Zug frei sind. Ist der Zug voll, kann man eben nicht mehr mitfahren. Die regionalen Verbindungen werden von der Tochtergesellschaft TER bestritten, haben keine Platzbeschränkung und sind in der Regel auch nicht ausgelastet.

Manchmal werden regionale Verbindungen auch per Bus bestritten, tragen aber trotzdem das Kürzel der Gesellschaft TER. Achten Sie auf den möglichen Hinweis „Bus“ auf Ihrer Fahrkarte. Diese fahren jeweils direkt vor dem Bahnhofsgebäude ab.

Regionalbusse

Es gibt in Frankreich ein Netz an regionalen Busverbindungen. Diese sind für das ganze Land aber nicht in einer Hand, sondern werden von unterschiedlichen Organisationen betrieben. Die Taktung der Verbindungen ist leider meist sehr dünn und es fährt oftmals nur ein Bus pro Tag. Die einfachste Möglichkeit, um an verlässliche Reiseinformationen zu kommen, ist die Nachfrage bei den Einheimischen.

☺ In der Regel sind die Herbergsleute natürlich bestens informiert und helfen Ihnen bei Bedarf gerne weiter.

Die für Sie auf der Via Campaniensis relevanten Betreiber der Busnetze und deren Internetseiten sind:

- Region Ardennen, Wegabschnitt von Rocroi bis Château-Porcien: RDTA und FLOU Grand Est, www.rdta.fr
- Großraum und Stadtgebiet Reims, Wegabschnitt von Bétheny bis Cormontreuil: CITURA, www.citura.fr
- Stadtgebiet Épernay: mouveobus.fr
- Region Champagne: Der Wegabschnitt zwischen Épernay und Payns ist an kein Busnetz angeschlossen.
- Großraum und Stadtgebiet Troyes: Wegabschnitt von Payns bis Les Grandes Vallées, www.tcat.fr
- Region Bourgogne, Wegabschnitt von Flogny-la-Chapelle bis Vézelay: www.viamobigo.fr

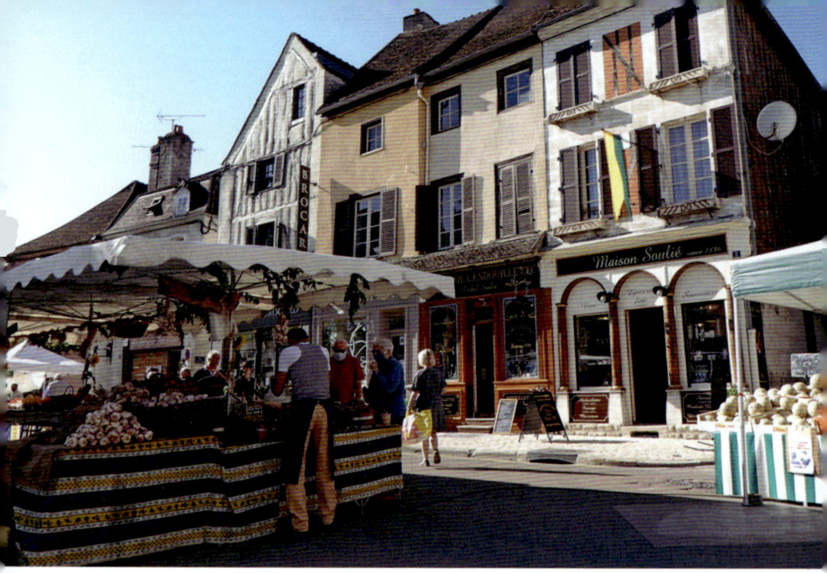

Wochenmärkte haben in Frankreich Tradition

Wochenmärkte

In ganz Frankreich gibt es die Tradition der Wochenmärkte. Am zentralen Platz im Dorf stehen einmal die Woche etwa von 7:00 bis 13:00 Uhr die fahrenden Händler dicht gedrängt und bieten eine bunte Palette an Waren an. Für Pilger ist dies eine schöne Möglichkeit, sich mit frischen Lebensmitteln zu versorgen und die ein oder andere Spezialität der Region kennenzulernen.

Oft werden auch warme Speisen angeboten. In größeren Städten haben die Wochenmärkte enorme Ausmaße und Sie bekommen nahezu alles, was zum Leben und im Haushalt benötigt wird.

In diesem Führer sind die Wochenmärkte jeweils bei den Orten mit aufgelistet.

Wortschatz

Als Pilger ist man in der Situation, dass man täglich per Telefon sein Bett reservieren muss. Wenn man der Sprache des Landes nicht mächtig ist, kann man mit der französischen Antwort meist nichts anfangen. Stellen Sie die wichtigsten Fragen daher so, dass Ihr Telefonpartner mit **Ja** oder **Nein** antworten kann.

Hier der Anfang dieses Fragesatzes und ein paar pilgerrelevante Vervollständigungen:

Ist es möglich …	*Est ce-que c'est possible …*
(spricht man in etwa „es ke se possieble“)	
… bei Ihnen zu übernachten?	*… de passer la nuit dans votre maison?*
… ein Abendessen/Frühstück zu bekommen?	*…d'avoir un diner/un petit-déjeuner?*

Nützliche Redewendungen

Ich bin Pilger auf dem Jakobsweg.	*Je suis pèlerin sur le chemin de Saint-Jacques.*
Ich heiße …	*Je m'appelle …*
Ich bin Deutscher/Deutsche.	*Je suis Allemand/Allemande.*
Ich spreche nur ein wenig Französisch.	*Je ne parle qu'un peu de francais.*
Sprechen Sie Deutsch oder Englisch?	*Parlez-vous allemand ou anglais?*
Ich verstehe das nicht.	*Je ne comprends pas.*
Wie viel kostet…?	*Combien coûte …?*
Ich suche …	*Je cherche …*
Wo ist …?	*Où est ...?*

Nützliche Vokabeln

ja/nein	*oui/non*
hallo	*salut*
guten Tag/guten Morgen	*bonjour*
guten Abend	*bonsoir*
gute Nacht	*bonne nuit*
auf Wiedersehen	*au revoir*
vielen Dank	*merci beaucoup*
bitte	*s'il vous plait*
bitte sehr	*de rien*
Entschuldigung	*pardon*
Apotheke	*la pharmacie*
Arzt	*le médicin*
Bäckerei	*la boulangerie*

Bahnhof	*la gare*
Bank	*la banque*
Bett	*le lit*
Bettwäsche	*les draps de lit*
Bushaltestelle	*l'arrêt de bus*
Decke	*la couverture*
Geldautomat	*le bancomat*
Kirche	*l'église*
Kissen	*l'oreiller*
Kloster	*le cloître*
Krankenhaus	*l'hôpital*
Lebensmittelgeschäft	*l'épicerie*
Markt	*le marché*
Metzgerei	*la boucherie*
Museum	*le musée*
Pilger/Pilgerin	*le pèlerin/la pèlerine*
Pilgerausweis/Stempelpass	*la créanciale*
Rathaus	*la mairie*
Rucksack	*le sac à dos*
Supermarkt	*le supermarché*
Wanderschuhe	*les chaussures de randonnée*
Wanderstöcke	*les bâtons*
Waschmaschine	*le lave-linge*
Waschmittel	*la lessive*

Zeit

In Frankreich gilt die mitteleuropäische Zeit MEZ und im Sommer die mitteleuropäische Sommerzeit MESZ. Sie müssen daher von Norwegen bis Italien und Polen bis Spanien Ihre Uhr nicht umstellen.

Zoll

EU Bürgerinnen und Bürger dürfen Gegenstände und Güter für den privaten Gebrauch ohne Weiteres von und nach Frankreich ein- und ausführen. Beschränkungen gibt es für Tabak, Alkohol, Kaffee, Medikamente und Bargeld.

Die Grenzwerte liegen jedoch so hoch, dass Sie die Mengen mit Sicherheit in Ihrem Rucksack nicht mitführen wollen. Genauere Informationen hierzu finden Sie zum Beispiel sehr leicht auf den Seiten der Europäischen Union unter

💻 www.europa.eu.

Wer keinen Wohnsitz in der EU hat schaut bitte unter

💻 www.diplomatie.gouv.fr

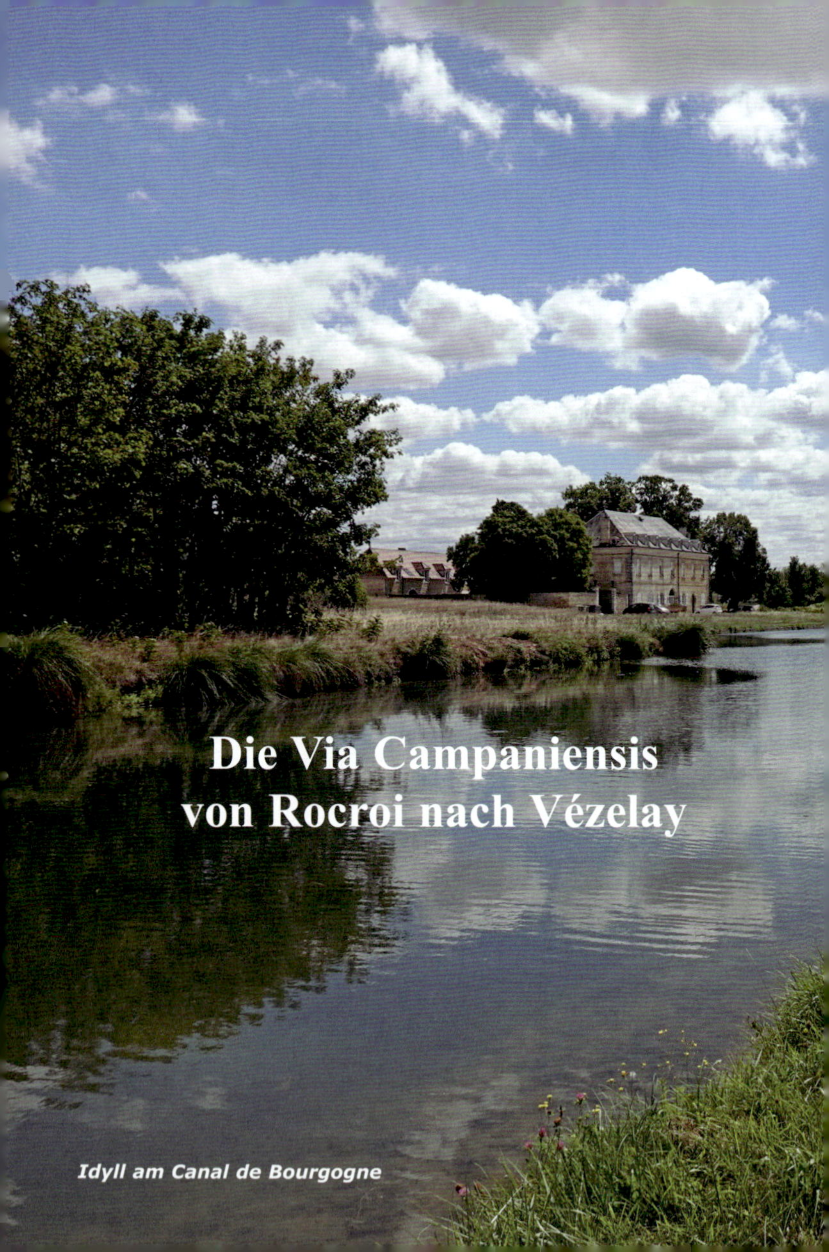

Die Via Campaniensis von Rocroi nach Vézelay

Idyll am Canal de Bourgogne

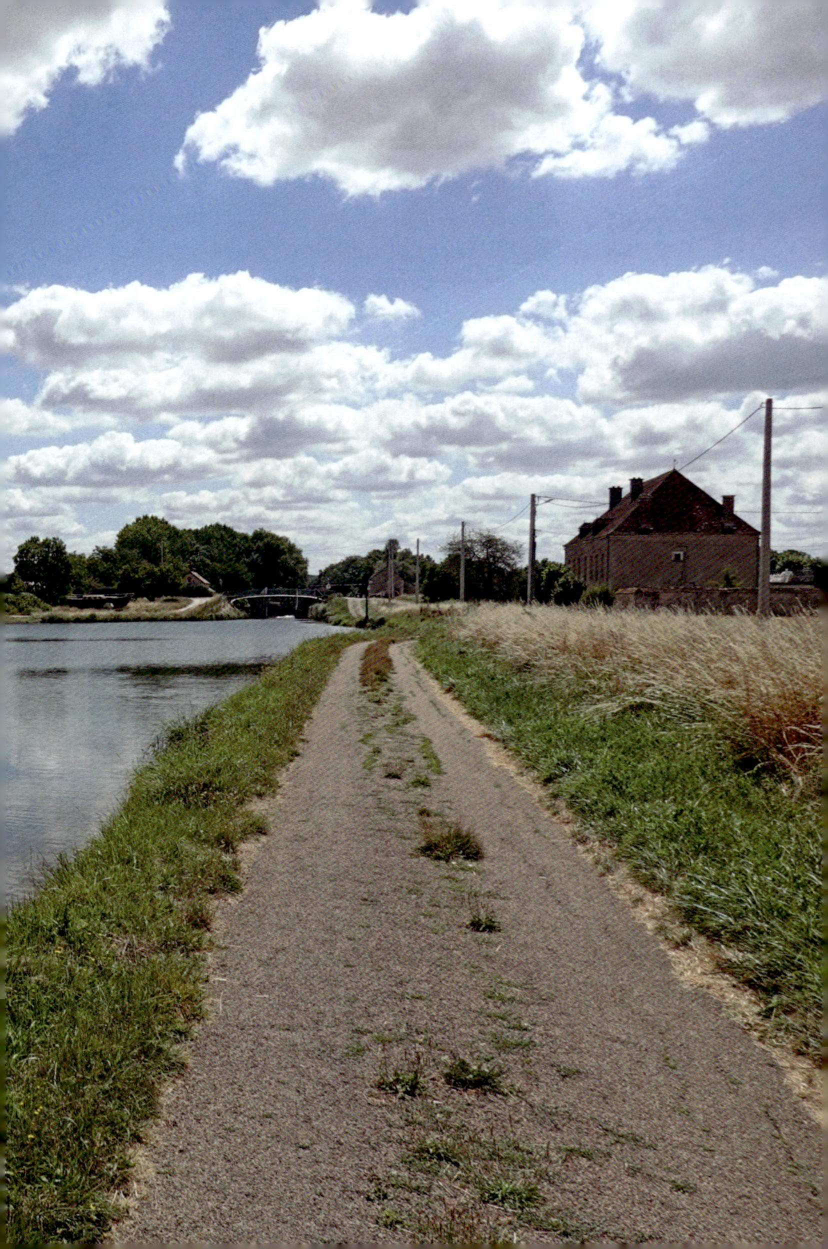

Anreise Revin – Rocroi

Zur Anreise mit öffentlichen Verkehrsmitteln finden Sie unter ☞ Reise-Infos von A bis Z, An- und Abreise genauere Informationen.

Der Weg von Revin nach Rocroi ist nicht unbedingt schön zu gehen, es führen doch etliche der Kilometer an einer befahrenen Straße entlang.

Starten Sie vom Bahnhof in Revin aus entlang der Straße in den Ort, am Kreisverkehr links und folgen Sie der D988 bis zum Abzweig der D1 nach rechts. Diese führt um eine Flussschleife herum bis zur D1 (Saint-Nicolas). Folgen Sie ihr nach links und halten Sie sich nach dem Industriegelände direkt an der Straße. Am Aussichtspunkt auf den Stausee haben Sie auch schon den höchsten Punkt erreicht. Etwa 3 km weiter geht die erste Teerstraße links ab, hier wird der Verkehr ruhiger und langsamer. Ihr Weg führt immer geradeaus, unter der neuen Autobahn hindurch, bis zur D877 an den Häusern von Rocroi. Rechts entlang gelangen Sie zur Porte de Bourgogne, dem nördlichen Einlass durch die Mauer in die Stadt.

Rocroi

BANK ⇧ 386 m, 08230, 2.330 Ew.

Office de Tourisme Vallées et Plateau d'Ardenne, 1 ter Rue du Pavillon, ☏ 03 24 54 20 06, info@otrocroi.com, www.otrocroi.com, Mo-Sa 10:00-12:00 und 14:00-18:00

✕ **Les Remparts de Rocroi**, 10 Rue des Remparts, 07 89 23 52 68 oder 07 84 40 86 16, gites.lesremparts@gmail.com, 2 Gîtes für 4 und 6 Personen, Bar/Restaurant mit hervorragender Holzofenpizza, auch zum Mitnehmen, @, Ü ganze Gîte unabhängig von der Personenzahl € 60, Buchung auch über AirBnB unter „Gîte des Remparts", Restaurant Samstagmittag und Montag geschlossen, an den Wallanlagen zwischen Rue de Bourgogne und Rue du Pavillon

Gîte municipal, ☏ 03 24 54 20 06 (Office de Tourisme, Mo-Sa 10:00-12:00 und 14:00-18:00), Anmeldung erforderlich, Preis liegt noch nicht vor, dürfte aber sehr moderat ausfallen

✕ **Hôtel du Commerce**, 5 Place d'Armes, ☏ 09 86 44 79 25, info@hotelrocroi.com, www.hotelrocroi.com, nettes Hotel, Restaurant mit sehr gutem Essen, junge hilfsbereite Wirtsleute, @, Tagesgericht ab € 10,90, ÜF EZ ab € 65, HP € 70, Hotel ganzjährig geöffnet, Restaurant Di geschlossen, am zentralen Platz

Mme Pernelet-Jaschinski, 7 Avenue du Géneral Moreau, ☏ 03 24 54 11 56, 06 21 72 27 07 oder 06 79 11 94 02, pernelet.christiane@orange.fr, @, Abendessen, Frühstück und Lunchpaket mögl., ÜF € 20, HP mit Lunchpaket für den nächsten Tag € 32, Ü Caravan € 10, eigenes Zelt € 5, 300 m südlich der Stadtmauer am Jakobsweg

Camping de la Murée, 35 Rue Catherine de Clèves, 08230 Bourg-Fidele, ☏ 03 24 54 24 45, campingdelamuree@wanadoo.fr, www.campingdelamuree.com, kleiner Lebensmittelladen, Bar, Snacks, ***T*** @, Fast-Food-Service € 7, ab € 11, Mitte April-Mitte September, ca. 3 km südöstlich des Jakobsweges, auf der D877 an der neuen Autobahnabfahrt nach Osten zur D22 und kurz rechts

Wochenmarkt Mittwochvormittag

Centre Aquatic Rocroy, 13 Avenue du Général Moreau, www.centreaquatique-vpa.fr, Hallenbad mit Rutsche, Massagepool und Cafeteria, 300 m südlich der Stadtmauern

RDTA LR04 Gué-d'Hossus – Charleville-Mézieres (SNCF) und LR2610 Rocroi – Revin (SNCF)

Taxi du Plateau, ☏ 03 24 54 21 91

⌘ **Musée de la bataille de Rocroy et de la guerre de trente ans**. Museum zur Schlacht von Rocroi und zum Dreißigjährigen Krieg, mit einem Modell der Stadt, lebensgroßen Figuren aus der Zeit und über 10.000 Zinnfiguren auf mehreren Schlachtfeldern – Besuch sehr empfehlenswert.

♦ Place de Luxembourg (am Ende der Rue de Bourgogne), 14:00-17:00, Sa und So auch 10:00-12:00, Do geschlossen

Rocroi ist geprägt durch seine frühere militärstrategische Bedeutung am Südrand der Ardennen. 1555 wurde das damalige Dorf auf Befehl von König Henry II zur Festung ausgebaut und erhielt seine heutige Grundform als fünfzackiger Stern mit zentralem Platz, radial davon ausgehenden Straßen und den alles bestimmenden Bastionen und Wallanlagen. Diese wurden im 17. Jh. von Marschall de Vauban nochmals erweitert und sind heute noch fast vollständig erhalten. Die Besichtigung und das Betreten der militärischen Anlagen ist kostenfrei und wird im Rahmen eines Spazierganges um die Stadt sehr empfohlen.

In ganz Europa ist heute neben Rocroi nur noch die Stadt Palmanova im norditalienischen Friaul mit dieser auch im Straßenbild sternförmigen Grundstruktur im Ganzen erhalten. Die für diese Zeit so typischen gezackten Wehranlagen sind in Frankreich untrennbar mit dem Namen Marschall Sébastien Le Prestre de Vauban (1633-1707) verbunden und in vielen Städten entlang der französischen Grenzen noch in Teilen anzutreffen. Als Meisterwerk Vaubans gilt Neuf-Brisach (Neubreisach) in der Nähe von Colmar. 12 bedeutende Bauwerke sind unter dem Namen „Festungsanlagen von Vauban" seit 2008 Teil des UNESCO-Weltkulturerbes.

Die Schlacht von Rocroi

Spanien lag seit 1635 mit Frankreich im Krieg und stand als Besatzer von Belgien und Holland mit massiven Truppen an der französischen Nordgrenze. Oberbefehlshaber war General Francisco de Mello, dessen Infanterie seit zehn Jahren unbesiegt war. Am 14. Mai 1643 starb der französische König Ludwig XIII., sein Sohn und Nachfolger, der spätere Sonnenkönig Ludwig XIV., war gerade einmal vier Jahre alt. Der langjährige königliche Berater Kardinal Richelieu war im Dezember des Vorjahres verstorben. General de Mello hielt den Zeitpunkt für günstig und überschritt die französische Grenze.

Herzstück der spanischen Taktik war die in den vorigen Jahren des Dreißigjährigen Krieges entwickelte Gefechtsformation des „Terzio", eine im Rechteck aufgestellte Infanterieeinheit aus Pikenieren (Lanzenträger) in der äußeren Reihe zum Schutz vor feindlicher Kavallerie, dahinter Musketiere (Schusswaffenträger) und im Zentrum Kanonen, die durch rasch geöffnete Linien die heranstürmenden Gegner direkt beschossen.

Oberbefehlshaber der französischen Truppen in der Champagne war der Duc d'Enghien, zu dem Zeitpunkt selbst gerade einmal 22 Jahre alt.

Es standen sich zwei Heere mit je etwa 22.000 Mann gegenüber und am Nachmittag des 18. Mai 1643 kam es südlich von Rocroi zur Schlacht. Es gelang den Franzosen dank einer taktischen Meisterleistung des Duc d'Enghien die spanischen Truppen um 7.500 Mann zu dezimieren, wenngleich die eigenen Verluste mit 4.000-4.500 Mann ebenfalls sehr hoch waren. Ein letztes verbliebenes spanisches Terzio jedoch war nicht zu besiegen und sorgte anhaltend für hohe Verluste auf französischer Seite. Daher brachte eine Verhandlungslösung am Vormittag des 19. Mai 1643 den französischen Sieg und das Ende der Schlacht.

Den Soldaten dieses Terzio wurde freies Geleit zugesichert, die daraufhin in voller Montur unter Waffen und Fahnen mitten durch Frankreich in die baskische Heimat zogen.

Der Französisch-Spanische Krieg sollte noch weitere 16 Jahre andauern, dennoch markierte die Schlacht von Rocroi einen Wendepunkt in dem Konflikt, auch mit massiven Auswirkungen auf den seit 1618 schon währenden Dreißigjährigen Krieg in Europa.

Rocroi – L'Echelle 16,5 km

Die Via Campaniensis beginnt am zentralen Platz von Rocroi, dem Place d'Armes. Sie führt auf der Rue de France nach Südwesten über die beflaggte Pont de France aus der Stadt. An der ersten Kreuzung folgen Sie der Avenue du Général Moreau nach links, gehen am Schwimmbad vorbei bis zur D877 (Rue de la Croix de Fer) und auf dieser nach Süden. Nach 350 m zweigt rechts eine ruhige Landstraße, der Chemin du Cure, in flachem Winkel Richtung Südwesten ab.

Erste Kilometer auf dem Plateau de Rocroi

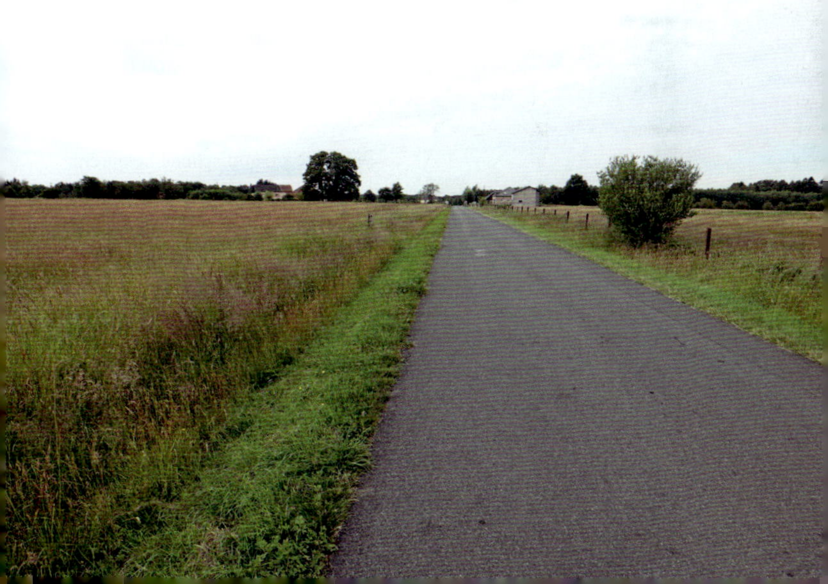

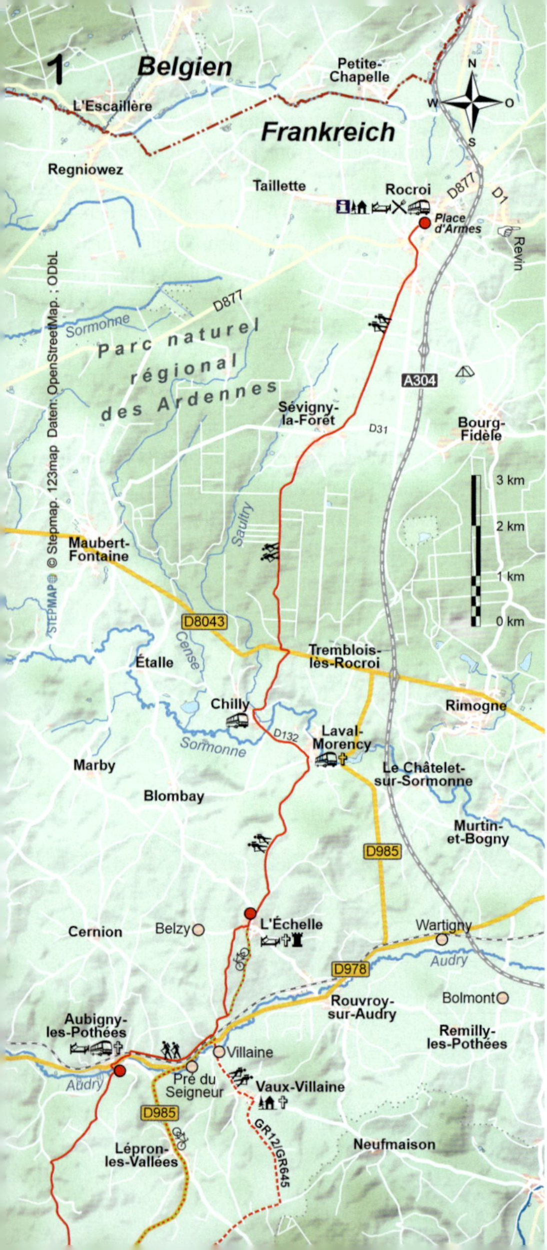

Etwa 1 km weiter weist ein kleines Schild den Weg zum rechts in den Feldern liegenden Schlachtfeld von 1643 hin, eine Steinstele erinnert daran.

Nach weiteren 3 km erreichen Sie an der D31 rechts Sévigny-la-Forêt. Durchwandern Sie den Ort immer geradeaus, an der Kirche vorbei und durch einen Hohlweg, bis Sie den Wald erreichen. An der Schranke mit Muschelmarkierung folgen Sie der geschotterten Straße bis zur D8043.

Die Straße wird viel und schnell befahren!

Sie gehen am Straßenrand 50 m nach links, queren die D8043 am ersten Gebäude auf der südlichen Straßenseite und wandern auf der wieder ruhigen Route de Plaisance bis Chilly.

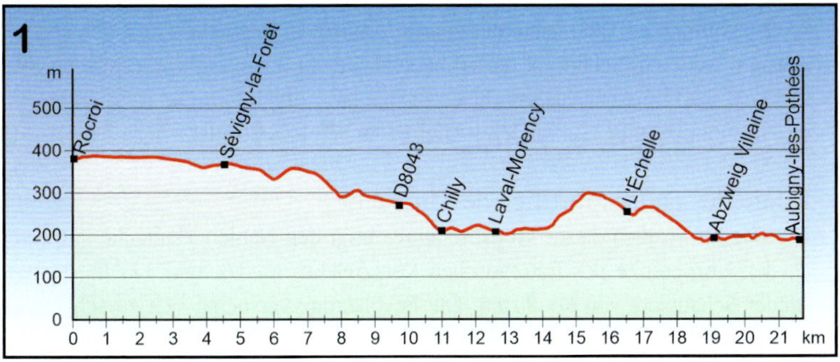

Chilly

⇧ 224 m, 08260, 150 Ew.

RDTA LR23 Signy-le-Petit – Charleville-Mézieres (SNCF)

am Anfang und Ende des Ortes

Der Ort empfängt Sie mit einem Hinweisschild auf verbleibende 1.830 km bis St. Jacques de Compostelle (Santiago de Compostela). Die Angabe stimmt so wohl nicht ganz, auf der kürzesten offiziellen Strecke über die Via Lemovicensis und den Camino Francés haben Sie ab hier noch etwa 2.120 km vor sich.

Auf dem richtigen Weg

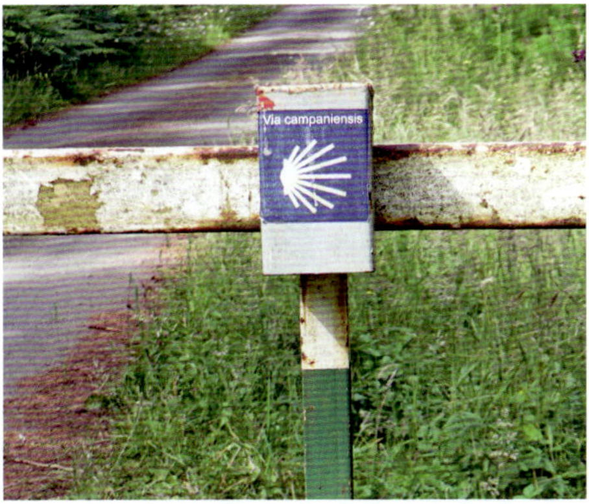

Betreten Sie Chilly über den Bach und wenden Sie sich gleich auf der ersten Straße nach links, die Sie geradeaus auch wieder aus dem Ort führt. Auf der ruhigen D132 gehen Sie bis nach Laval-Morency.

Laval-Morency

✝ ⇧ 207 m, 08150, 240 Ew.

LR23 Signy-le-Petit – Charleville-Mézieres (SNCF)

↳ ✞ Wehrkirche, ☞ Route des églises fortifiée de Thiérache. Nach den ersten Häusern weist ein Schild auf die Wehrkirche des Ortes hin. Diese erreichen Sie nach ca. 300 m, wenn Sie von hier zweimal links durch den Ort nach unten an die Sormonne gehen. Am anderen Ufer ist ein ⩩ Picknickplatz.

Route des églises fortifiée de Thiérache

Die Region westlich dieses Wegabschnittes trägt den Namen Thiérache und war an der Nordgrenze des französischen Königreiches im 16. und 17. Jh. immer wieder Schauplatz von Konflikten. Die Bevölkerung versuchte sich zu schützen, indem sie die Kirchen des Dorfes verstärkte und zu sogenannten Wehrkirchen ausbaute. Die achteckigen grauen Schilder weisen auf einen Rundweg durch die Region hin, der die wichtigsten dieser Wehrkirchen einschließt.

Der Jakobsweg führt Sie entsprechend der blau-gelben Markierung am Hinweisschild auf die Kirche nach rechts und gleich wieder links. Wenn die Straße nach ein paar Hundert Metern auf einen kleinen Hügel nach oben zieht, drehen Sie sich noch einmal um und genießen Sie den Blick zurück auf die Ardennenwälder und Ihre ersten gegangenen Kilometer auf der Via Campaniensis.

Die Straße führt Sie weiter über den Hügel und an der nächsten Querstraße geht es rechts direkt nach L'Échelle.

L'Échelle ⛟ ⛺ ⌘ ✞ ⇧ 252 m, ✉ 08150, 130 Ew.

⛟ ⛺ **Mme Geys**, 21 Grande Rue, ☎ 03 24 40 20 54, 📱 06 95 75 81 08, ✉ sonja.geys@gmail.com, F, E, NL, @, Abendessen € 10, ÜF € 25, Zelt € 5, vor dem Schloss 150 m links

♜ L'Échelle wird von einem Schloss aus dem 15. Jh. dominiert, das in der Mitte des kleinen Ortes sehr wuchtig wirkt und heute das Gemeindeamt sowie ein Schulmuseum beherbergt.

⌘ **Musée de l'Ecole d'hier „Louis Maillot“**. Gezeigt wird die Ausstattung eines Klassenraumes sowie sämtliche Bücher und Lehrmittel einer Dorfschule aus dem frühen 19. Jh.

♦ 💻 www.musee-lecole-dhier-08.com, 🚪 April-Oktober erster und dritter Sonntag im Monat 14:30-18:00, Juli und August jeden Sonntag 14:30-17:00

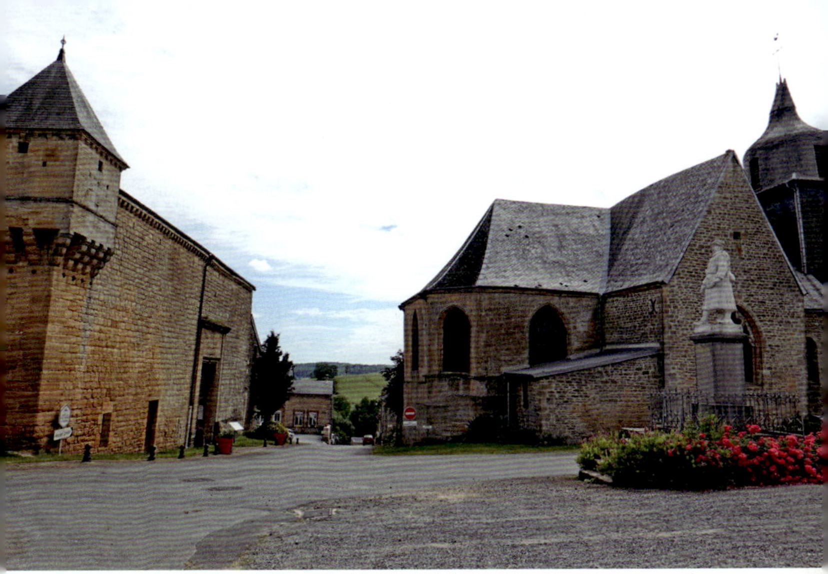

L'Échelle

L'Échelle – Aubigny-les-Pothées 5,1 km

🚲 Fahren Sie in L'Échelle zwischen Schloss und Kirche auf der Rue Barbette nach Süden bis zur Bahnlinie. Queren Sie diese, halten Sie sich auf der D978 rechts und nehmen Sie die D985 ab dem Abzweig zwischen Villaine und Aubigny-les-Pothees nach Signy-l'Abbaye.

Wenden Sie sich vor der Kirche nach rechts auf die Rue Saint-Pierre leicht nach unten, am Wegkreuz etwas links haltend, und biegen Sie nach 150 m links ab auf einen Schotterweg. Der Blick zurück auf den Ort lohnt. Folgen Sie dem Weg durch die Felder und am Fuß des Hügels auf der Teerstraße nach rechts bis hinunter zur Eisenbahnbrücke.

Je nach gewählter Übernachtungsmöglichkeit trennen sich hier die Wege bis Signy-l'Abbaye. Gehen Sie auf dem offiziellen Jakobsweg über Aubigny-les-Pothées bis Signy-l'Abbaye oder die Variante auf dem GR12/GR645 über Vaux-Villaine und Le Faluel bis Signy-l'Abbaye – je nach gewählter Übernachtungsmöglichkeit. Die Strecken sind etwa gleich lang.

Variante über Vaux-Villaine nach Signy-l'Abbaye (GR12/GR654) 11,6 km

Für den Weg nach Vaux-Villaine überschreiten Sie die Bahnlinie und gehen gerade durch die Häuser von Villaine bis Vaux-Villaine. Die Gite d'étape ist in einem der ersten Häuser links untergebracht.

Vaux-Villaine ⇧ 200 m, 08150

Chez Luce et Pierre-Etienne, 26 Rue Ulysse Jeantils, ☎ 03 24 22 25 04, 06 76 91 22 87 oder 06 66 81 88, luce.hugeux@orange.fr, Betten im Schlafsaal, **T**, Abendessen € 10, Frühstück € 5, Ü € 21, am Ortsanfang von Vaux-Villaine gleich links

Die Markierung auf diesem Weg ist für Sie die rot-weiße des GR12/GR654. Gehen Sie am südlichen Ortsende auf der Rue de la Fontaine aus dem Ort und halten Sie sich am nächsten Abzweig rechts auf der Straße. Nach 2 km gehen Sie rechts und immer geradeaus durch Malgrétout bis in den kleinen Weiler Le Faluel.

Le Faluel ⇧ 280 m, 08150

Clos du Faluel, M. Bedeer, Weiler Le Faluel, 07 82 08 26 84, g.bedeer@hotmail.com, www.leclosdufaluel.com, Zimmer mit Betten und Zeltmöglichkeit, F, E, NL, + **T** gratis, @, HP € 39, Zelt HP € 27, Zelt und Dusche € 6, direkt im Weiler Le Faluel

Der Jakobsweg führt auf der Westseite von Le Faluel immer geradeaus weiter bis hinein nach Signy-l'Abbaye zu dem kleinen Supermarkt am Ortsanfang. Sie haben den offiziellen Weg wieder erreicht und können ebenfalls an den alten Industriegebäuden entlang auf der Rue de l'Abbaye bis zum Place Aristide Briand durchgehen.

Für den Weg nach Aubigny-les-Pothées bleiben Sie auf dieser Seite nördlich der Gleise und folgen ihnen nach Westen.

Die Teerstraße führt nach 150 m rechts den Hügel hoch, Sie bleiben aber auf dem Feldweg unten!

Gehen Sie immer an der Bahnlinie entlang, bis Sie links durch eine Bahnunterführung und auf der Hauptstraße nach rechts die Ortsmitte erreichen. Gegenüber der Kirche nehmen Sie links die Rue du Moulin über den kleinen Bach bis zur Rue des Fontaines. Der Jakobsweg geht hier rechts weiter, zu den Chambres d'hôtes gehen Sie hier links.

Aubigny-les-Pothées

⇧ 188 m, 08150, 320 Ew.

M. et Mme Launoy, 2 Rue du bois du Loup, ☏ 03 24 33 41 72, HP 1 Pers. € 36, 2 Pers. im DZ € 67 gegenüber der Kirche in die Rue du Moulin, nach dem Bach links und wieder rechts, eines der letzten Häuser oben rechts

kleiner Lebensmittelladen, hinter der Kirche auf dem Parkplatz, Mo-Sa 8:30-12:00 und 16:30-18:30

RDTA Linie 27 Rumigny – Charleville-Mézieres (SNCF)

Aubigny-les-Pothées – Signy-l'Abbaye 10,4 km

Auf der Rue des Fontaines nach Südwesten kommen Sie nach 150 m an einen Abzweig und folgen dem Sträßchen schräg links den Hügel nach oben. Es führt Sie über Felder zum Waldrand. Dort halten Sie sich rechts auf dem Hauptweg. An der nächsten T-Kreuzung nach links gelangen Sie zur Farm Fontaine Olive. Ab jetzt wird es etwas abenteuerlich. Der ansteigende Forstweg führt zu einem Feld. Dort tauchen Sie links in den Wald ein und gehen sofort wieder rechts auf einen etwas verwilderten Waldpfad. Forstarbeiten haben die Wege in dem ganzen Bereich hier ziemlich ruiniert, rechnen Sie mit knietiefen Gräben.

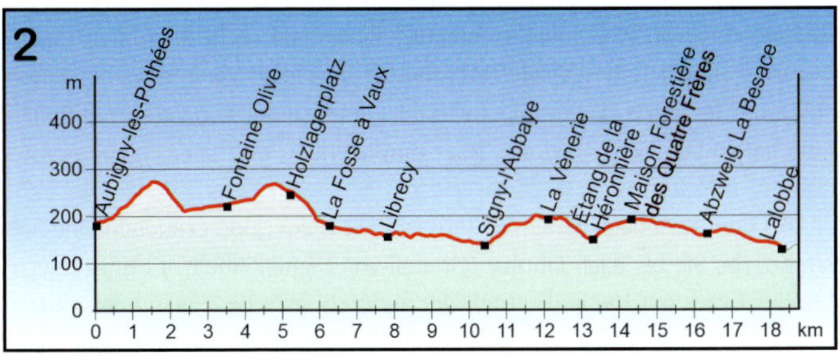

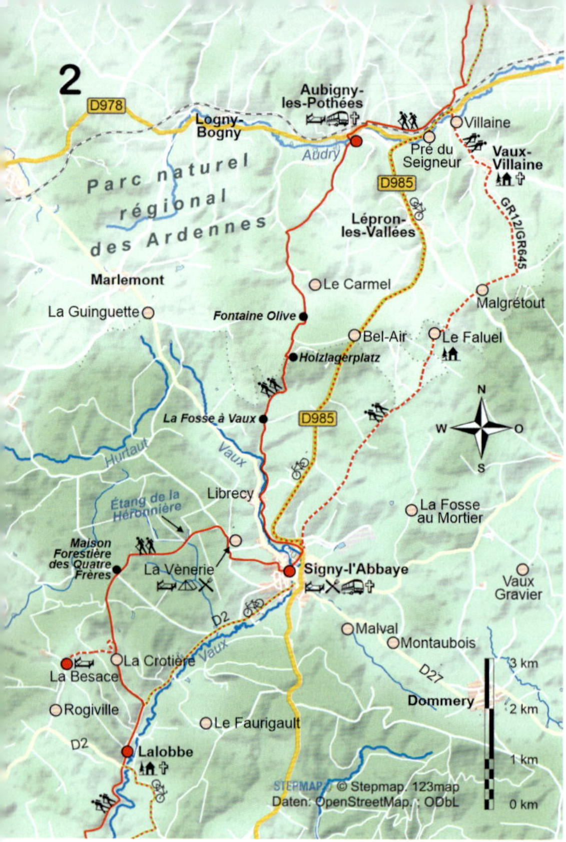

Folgen Sie den Wegmarkierungen ca. 350 m bis zu einem größeren Holzlagerplatz im Wald. Queren Sie den Platz diagonal ca. 50 m nach links, der Weg führt hier dann wieder nach rechts weiter. Die Beschilderung des Jakobsweges ist vorhanden, aber eventuell etwas versteckt. Nach weiteren 450 m mit Markierungstafeln an den Bäumen erreichen Sie einen Weidezaun mit Stacheldraht und einem engen Durchgangsgatter.

Achten Sie ab hier auf Ihre Kleidung und Ihren Rucksack. Lassen Sie nichts lose flattern, auch kein Regencape, es würde die nächsten 900 m nicht unbeschadet überstehen! Der Pfad führt an einem Seilhandlauf recht steil nach unten. Dort erwartet Sie ein sehr schmaler Weg mitten über eine Viehweide, der Ihnen beidseitig mit mehreren Linien Stacheldraht übereinander neugierige Vierbeiner vom Leib halten soll. Man fragt sich aber unwillkürlich, wer hier eingepfercht wird …

Ab dem Farmhaus haben Sie Ihre Freiheit wieder und erreichen eine Schotterstraße, die Sie bis nach Librecy (Ortsteil von Signy-l'Abbaye) bringt. Der Hauptteil des Ortes mit Kirche liegt auf der anderen Seite des Flüsschens Vaux.

Für den Weiterweg bleiben Sie auf der Ostseite, auf der Sie kamen. Die Rue de Moulin wird zu Le Petit Étang. Am Supermarkt am Ortsrand von Signy l'Abbaye angelangt können Sie rechts an den Parkplätzen und alten Industriegebäuden entlang auf der Rue de l'Abbaye ruhig bis zum Place Aristide Briand gehen und stehen im Zentrum.

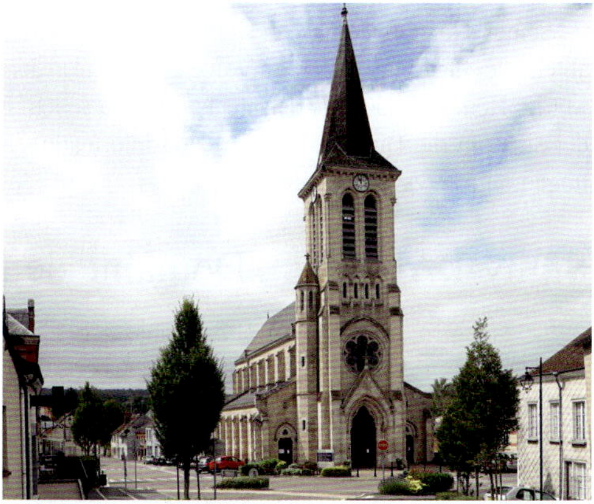

Signy-l'Abbaye

Signy-l'Abbaye

BANK ⇧ 136 m, 08460, 1.380 Ew.

Mme Boucher, 3 Place Aristide Briand, ☏ 03 24 52 87 26, sehr hilfsbereite und wissende Ansprechpartnerin bei Fragen zu Übernachtung und dem Weg an sich

Hotel Restaurant Auberge de l'Abbaye, 2 Place Aristide Briand, ☏ 03 24 52 81 27, aubergeabbaye@wanadoo.fr, Abendessen ab € 20, ÜF EZ ab € 50, DZ ab € 65, Restaurant Mittwochmittag geschlossen, am Hauptplatz neben dem Rathaus

♦ Hotel Restaurant Le Gibergeon, 7 Place de l'Église, ☏ 03 24 52 80 90, legib.bergeon@laposte.net, Ü ab € 40, HP € 50, am Ende des Hauptplatzes neben der Kirche

Mme Créquy, 25 Rue Lagasse, ☏ 03 24 53 22 54, 06 74 07 48 54, anne-marie.crequy@wanadoo.fr, @, ÜF € 30, Reservierung 24-48 h vorab, am Rathaus links auf der Rue de la Justice bis zur zweiten Querstraße

RDTA TAD08 Signy l'Abbaye – Rethel (SNCF)

♦ Taxis Trigallez, ☏ 03 24 52 87 69, 06 82 20 08 60

Achten Sie darauf, für die nächsten Tage genügend Bargeld mitzunehmen. Die nächste Bank sehen Sie erst wieder in Bazancourt kurz vor Reims.

Seinen Namen verdankt der Ort einer im 12. Jh. gegründeten Zisterzienserabtei, die allerdings 1793 im Zuge der Säkularisierung vollständig abgetragen wurde. Heute ist davon leider nichts mehr zu sehen. Es gibt jedoch einen Verein, der sich um die Historie kümmert und Informationen im Internet zusammengetragen hat: 💻 www.abbayedesigny.fr.

Signy-l'Abbaye – Domaine de la Vénerie 1,7 km

🚲 Nehmen Sie in Signy-l'Abbaye links neben der Kirche die D2 bis Lalobbe.

Waldweg mit GR-Markierung

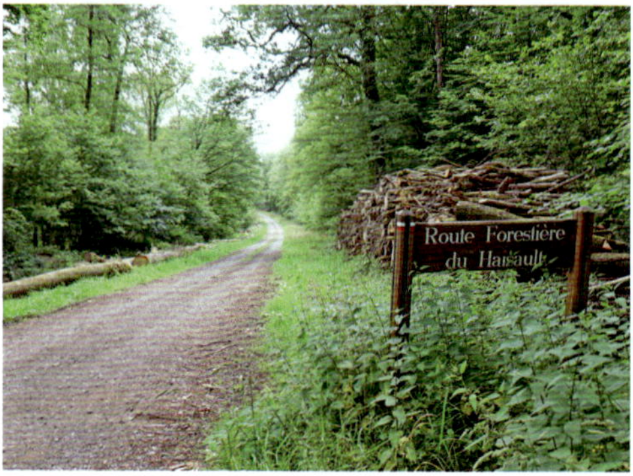

Das westliche Ende des Place Aristide Briand wird vom quer stehenden Rathaus dominiert. Sie gehen links davon auf der Petite Rue du Château hoch zur Rue du Chateau, diese rechts und nach 150 m auf der nächsten Straße links aus dem Ort heraus. Am Ende des Wäldchens treffen Sie auf eine Teerstraße und wenden sich rechts. Am Eingang zum Campingplatz finden Sie links auch das Haupthaus zur Übernachtung in den Baumhäusern sowie ein Restaurant.

🛏 **Le Chêne Perchê**, Domaine de la Vénerie, ☎ 03 24 53 35 62, ✉ infos@lecheneperche.com, 💻 www.lecheneperche.com, Übernachtung in Baumhäusern, eigener Schlafsack nötig, Abendessen und Frühstück auf Anfrage, Ü 2 Pers. ab € 89, 🚪 April-November

⛺ ✕ **Domaine de la Vénerie**, ☎ 03 24 58 33 62, ✉ campinglavenerie@gmail.com, 💻 www.domainedelavenerie.fr, Camping mit Schwimmbad und Restaurant, 🏧 @, € 10, Mobilhome bis 6 Pers. ab € 80

Domaine de la Vénerie – Abzweig La Besace
4,2 km

Folgen Sie der Straße nach Nordwesten in den Wald und am nächsten Abzweig links weiter auf der Route Forestière des Quatre Frères. Nach 2,7 km kreuzen Sie die querende Teerstraße und gehen auf Schotter gerade weiter. An der nächsten Kreuzung halten sich auf dem linken der beiden Feldwege, eine Markierung ist gut sichtbar. Dieser ist im weiteren Verlauf teils ungemäht und im Bereich des Wäldchens etwas zugewuchert. Der Weg trifft vor den ersten Häusern von Lalobbe wieder auf eine Teerstraße, für die Übernachtung in La Besace wenden Sie sich hier nach rechts hinauf.

Mme Carpentier, Weiler La Besace, ☎ 03 24 52 81 94, info@labesace.com, www.labesace.com, ***T*** @, ÜF 1 Pers. € 45, 2 Pers. € 80, vor den ersten Häusern von Lalobbe die Teerstraße rechts bergan, ca. 800 m

Abzweig La Besace – Lalobbe
2 km

Geradeaus erreichen Sie den Ort Lalobbe.

Lalobbe
122 m, 08460, 170 Ew.

M. et Mme Rolvink, 2 Rue de l'Église, ☎ 03 24 54 57 45, lambertsbuur@gmail.com, @, Abendessen auf Anfrage, ÜF 1 Pers. € 21, 2 Pers. € 36, gegenüber der Kirche

Lalobbe – Justine-Herbigny
10,0 km

Durchwandern Sie den Ort auf der Hauptstraße D2 komplett bis zum Abzweig der D102.

Fahren Sie am Ortsende von Lalobbe auf der D102 nach links bis La Neuville-lès-Wasigny und auf der D10 weiter nach Wasigny.

Dort folgen Sie auf der gegenüberliegenden Seite links der D2 einem Schotterweg, der Sie durch Wald und Feld zu den ersten Häusern von La Neuville-Lès-Wasigny führt.

Sie gehen über die Hügelkuppe und nehmen die schräg nach rechts unten führende Teerstraße namens Chemin de Prospermont. Nach 150 m treffen Sie auf die D102 und gehen nach 300 m an einer dreieckigen Verkehrsinsel rechts auf der Rue de Croteau weiter. Nach der Linkskurve bleiben Sie am nächsten Linksabzweig geradeaus oben auf der Straße.

☞ Am Ende des kleinen Feldes links finden Sie an dessen letztem Zaunpfosten die Wegmarkierung nach links. Hier ist nur eine Wiese mit Bäumen, man sieht keinen Weg. Gehen Sie trotzdem über die Wiese nach unten, der Weg taucht auf.

An der ersten Gabelung halten Sie sich rechts.

☞ Schwer zu findende rot-weiße Markierung!

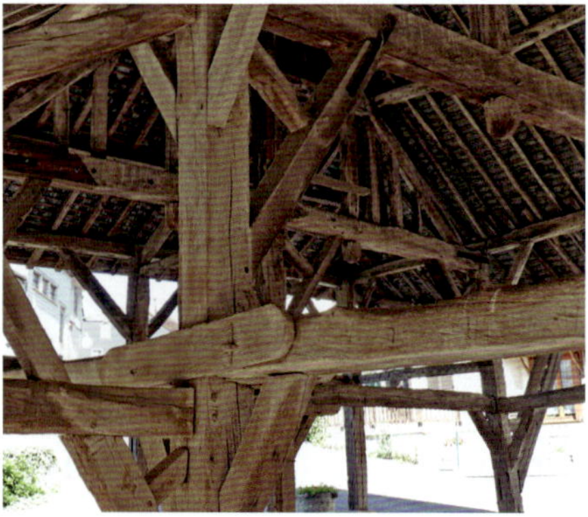

Markthalle in Wasigny

Bei den Häusern und Gärten angekommen geht der Weg in eine Straße über und Sie sehen 50 m weiter auch schon deren Ende. Gehen Sie nicht durch bis zur Hauptstraße, sondern biegen Sie an dieser Stelle im 90-Grad-Winkel rechts ab und folgen Sie dem Schotterweg bis hinein nach Wasigny. Die Rue d'Azy endet an der D8 (Rue Pasteur). Gehen Sie links für 80 m und in der Kurve nochmals links.

⌘ Hier sehen Sie die alte offene **Markthalle** aus dem 15. Jh. in ihrer beeindruckenden, offen sichtbaren Holzkonstruktion, die Sie sich nicht entgehen lassen sollten.

Die Kirche liegt weitere 150 m vor Ihnen.

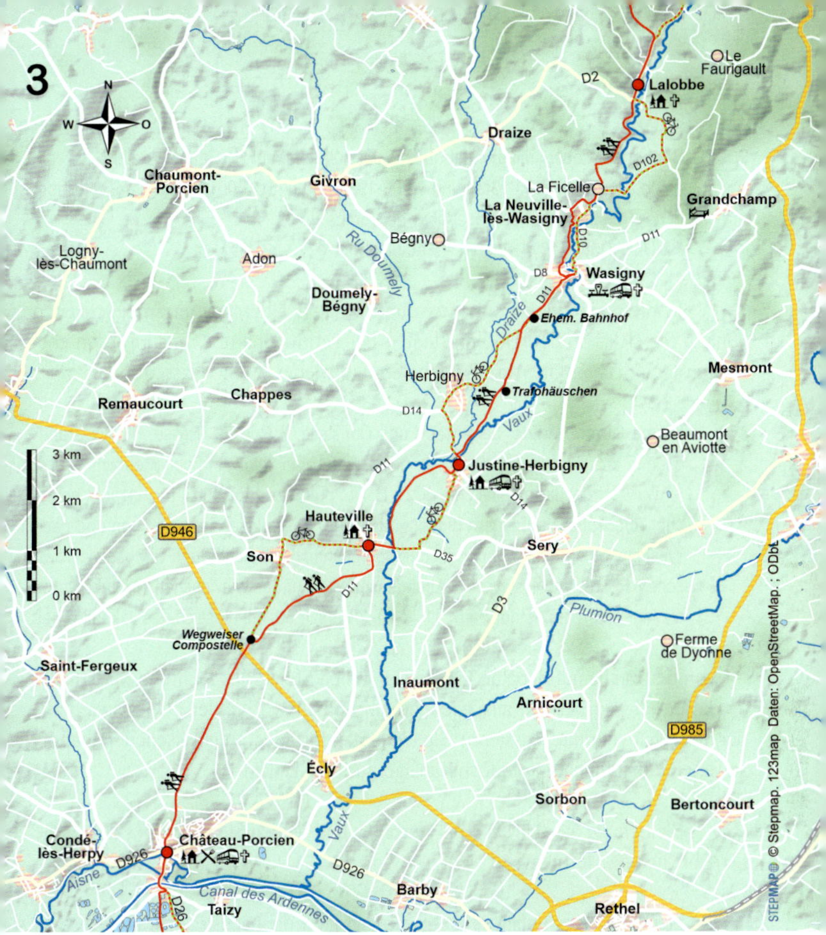

3
N
W
O
S
Lalobbe
Le Faurigault
D2
Draize
D102
La Ficelle
Grandchamp
La Neuville-lès-Wasigny
Chaumont-Porcien
Givron
Bégny
Ru Doumely
D10
D11
Logny-lès-Chaumont
Adon
Wasigny
D8
Doumely-Bégny
Ehem. Bahnhof
Draize
Herbigny
Trafohäuschen
Mesmont
Remaucourt
Chappes
D14
Vaux
Beaumont en Aviotte
3 km
2 km
1 km
0 km
D11
Justine-Herbigny
D14
Hauteville
D946
Son
D35
Sery
D11
D3
Plumion
Wegweiser Compostelle
Ferme de Dyonne
Saint-Fergeux
Inaumont
Arnicourt
D985
Écly
Sorbon
Bertoncourt
Vaux
Condé-lès-Herpy
Château-Porcien
D926
Aisne
D926
Canal des Ardennes
Barby
D26
Taizy
Rethel
STEPMAP © Stepmap. 123map Daten: OpenStreetMap.; ODbL

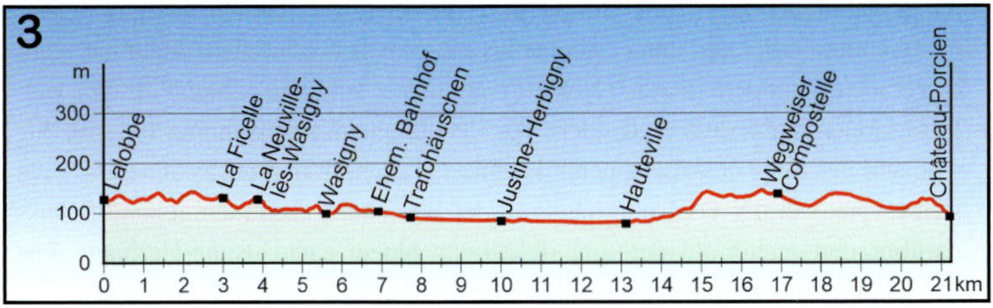

3
m
300
200
100
0
Lalobbe
La Ficelle
La Neuville-lès-Wasigny
Wasigny
Ehem. Bahnhof
Trafohäuschen
Justine-Herbigny
Hauteville
Wegweiser Compostelle
Château-Porcien
0 1 2 3 4 5 6 7 8 9 10 11 12 13 14 15 16 17 18 19 20 21 km

Wasigny 101 m, 08270, 330 Ew.

Bäcker mit Lebensmittelangebot, Rue Jean-Jaurès, auf Pilger eingestellt!
Mo, Di, Do, Fr 7:00-13:30 und 16:00-19:00, Sa u. So 7:00-13:00, Mi geschlossen, in der Rue Jean-Jaurès gegenüber der Kirche

RDTA TAD08 Signy l'Abbaye – Rethel (SNCF)

In dieser Gegend mit etwas dünn gesäten Übernachtungsmöglichkeiten können Sie sich von den Herbergsleuten der Ferme Quatre Mains im 4 km entfernten Grandchamp ab Wasigny abholen und wieder bringen lassen.

Ferme Quatre Mains, bei Joseph und Christelle, 7 Rue de l'Église, 08270 Grandchamp, 03 24 38 65 00, 07 69 56 14 64, info@fermequatremains.com, www.fermequatremains.com, F, D, E, NL, perfekter Stützpunkt für Pilger in herzlicher Atmosphäre auf einem Biobauernhof, kostenloser Transport von und nach Wasigny, Möglichkeit zu mehrfacher Übernachtung mit Abhol- und Bringservice zwischen Rocroi und Reims, @, Abendessen auf Anfrage mit frischen Produkten aus ökologischem Anbau der Farm, ÜF € 40, 2 Pers. € 50, 4 km östlich des Jakobsweges

Von der Kirche auf der Rue Jean Jaures gehen Sie zurück Richtung Markthalle, an dieser links vorbei und anschließend am Rathaus vorbei der D11 folgend aus der Ortschaft heraus. Passieren Sie den Standort des aufgelassenen Bahnhofs sowie eine kommunale Kompostieranlage zu Ihrer Linken.

Bleiben Sie auf der D11 bis Herbigny und biegen Sie dann links ab auf die D14 bis Justine-Herbigny.

Ein ziemlich zugewuchertes Wegkreuz markiert die nächste, schräg nach links abzweigende Schotterstraße, der Sie in die Felder folgen. Gehen Sie an dem kleinen Gehölz vorbei und immer geradeaus bis zum Trafohäuschen. Auch hier geht es geradeaus auf dem deutlich kleineren und bisweilen ungemähten Grasweg weiter. Markierungen sind vorhanden. An den Bäumen angekommen begrüßt Sie eine alte Bekannte aus Wasigny mit leichtem Plätschern und etwas Schatten – die kleine Vaux. An der D14 und damit an der Brücke angekommen gehen Sie links darüber und rechts auf der Rue de Moulin hinein nach Justine-Herbigny. Die Anmeldung für die Herberge ist gleich im ersten Haus auf der linken Seite.

Justine-Herbigny

🏠 🚌 ⇧ 89 m, ✉ 08270, 180 Ew.

🏠 **Gîte d'étape**, M. Pezin, 8 Rue de la Rivière à Justine, ☏ 03 24 72 27 14, sehr gemütliche Gîte mit Garten, in Scheune integriert, 🖃 @ 🍳, ÜF € 10, erstes Haus am Ortseingang links

🚌 RDTA TAD08 Signy l'Abbaye – Rethel

Justine-Herbigny – Hauteville 3,1 km

🚲 In der Ortschaft geht vor der Kirche eine Straße nach Süden ab, die Sie zur D35 bringt. Folgen Sie der D35 nach Westen bis Hauteville.

Die Rue de Moulin wird am Linksknick zur Rue de la Rivière. Gehen Sie dann zweimal rechts über die Rue des Cours und die Rue des Battis wieder aus dem Ort auf freies Feld. Der Feldweg wird zwischendurch abermals zum Grasweg und bringt Sie parallel zu den Auen der Vaux bis an die D35. Darauf rechts haltend haben Sie nach 500 m Hauteville erreicht. Auf der ersten Straße links, der Rue de la Fontaine, sehen Sie fast schon am Ortsende – also 150 m weiter, mehr ist hier nicht – auf der rechten Seite die etwas karge Dorfkirche Église Saint-Martin und das Kriegerdenkmal.

Hauteville

🏠 ✝ ⇧ 84 m, ✉ 08300, 100 Ew.

🏠 **Gîte municipal**, ☏ 03 24 72 80 67 (Mme Canon), 03 24 72 58 53 oder 📱 06 89 98 31 68 (Mme Marinthe), ☏ 03 24 72 84 13 (M. Prin), einfache Gîte mit 4 Betten und Dusche in einer alten Wäscherei des Dorfes, 🍳, Ü € 5, 🚪 ganzjährig, im Zentrum der kleinen Ortschaft direkt am Weg

Hauteville – Château-Porcien 8,1 km

✋ An heißen Tagen sollten Sie hier noch einmal Ihre Wasservorräte von netten Anwohnern auffüllen lassen, die nächsten 7 km bis Château-Porcien sind weitgehend schattenfrei. Der Hinweis auf die Beschreibung der ☞ Trinkwassersituation auf dem Weg in den Reise-Infos von A bis Z sei nochmals gestattet.

🚲 Nehmen Sie die D35 weiter Richtung Westen, halten Sie sich links nach Son und fahren Sie durch den Ort bis zum Wegweiser nach Compostelle.

Die D11 führt Sie nach Süden aus dem Ort, bleiben Sie an der ersten Rechtsbiegung auf der Straße und nehmen Sie nach 250 m den schräg rechts abzweigenden Feldweg. Leicht hügelan folgen Sie dem Weg zu einem kleinen Wäldchen und umrunden dieses.

Ein Wegweiser nach Saint Jacques de Compostelle spricht hier von 2.454 verbleibenden Kilometern. Wie schon in Chilly stimmt die Angabe hier auch nicht ganz. Über die Via Lemovicensis und den Camino Francés sind es etwa 2.075 km.

Sie gehen links, dann vorsichtig über die schnell befahrene D946 und immer geradeaus bis nach Château-Porcien. Folgen Sie am Kreisverkehr links der Rue de la Barre bis zum markant neben einer Felswand platzierten Rathaus an der Kreuzung der querenden D926 und der versetzt nach Süden weiterführenden D26, dem markierten Jakobsweg.

Château-Porcien

BANK ⇧ 67 m, 08360, 1.400 Ew.

La Maison des Pèlerins, 61 Rue de Sommevue, ☏ 03 24 72 83 58 (Le Longchamp), wenn Longchamp geschlossen M. Garema unter 06 86 77 57 20, neue Pilgerherberge mit 8 Plätzen in Etagenbetten, Ü € 13,50, vom Rathaus auf der D962 250 m nach Osten Richtung Rethel

Le Longchamp, Bar/Restaurant, 48 Rue de Sommevue, ☏ 03 24 72 83 58, Mo, Di, Do und Fr 7:00-19:30, Mi 7:00-14:00, Sa 9:00-19:30, So 9:00-14:00, vom Rathaus auf D962 200 m nach Osten Richtung Rethel

RDTA TAD07 Rocquigny – Rethel (SNCF)

Taxi Frézard, fährt in der ganzen Region, 06 31 34 89 13

Château-Porcien – Bazancourt 21,9 km

Folgen Sie ab dem Rathaus der D26 nach Süden. Zwei Brücken führen über die Arme der Aisne, eine dritte über den Canal des Ardennes.

Als Radfahrer folgen Sie an der nächsten Kreuzung halb rechts der D26 bis nach Avançon.

Vor dem Sportgelände trennen sich die Markierungen von GR und Jakobsweg. Hier rechts und nach den Parkplätzen des Sportplatzes wieder links gelangen Sie

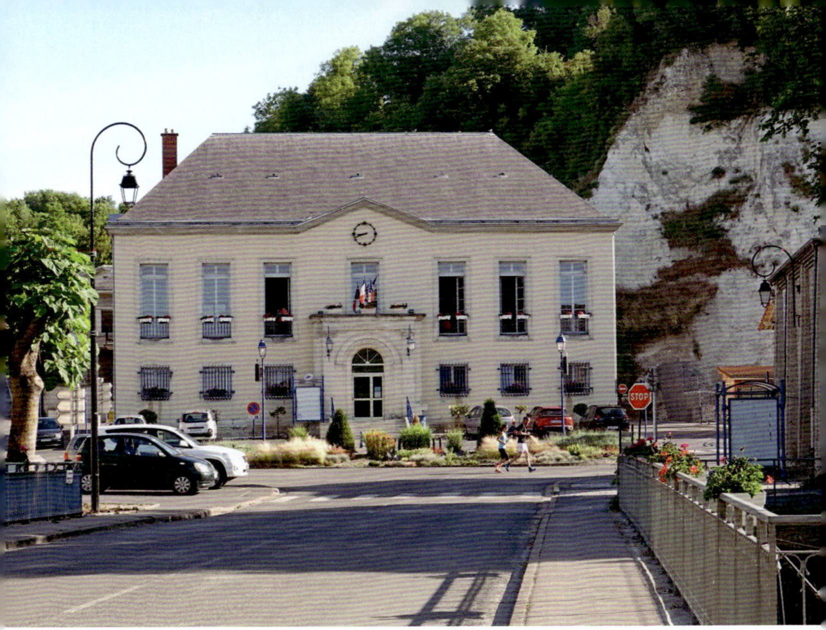

Château-Porcien

auf freies Feld. An der nächsten T-Kreuzung gehen Sie rechts und den nächsten Feldweg wieder links. Der Weg wendet sich an dem kleinen Hang rechts nach oben und um eine landwirtschaftliche Industrieanlage herum bis zur D26, der Sie nach rechts bis Avançon folgen. Achten Sie auf der D26 nach ein paar Hundert Metern auf den Weg am rechten Feldrain parallel zur Straße, dort geht es sich sicherer.

Die Landschaft wird sich bis Reims nicht mehr großartig ändern: flache landwirtschaftlich genutzte Flächen mit nur wenigen Schatten spendenden Bäumen.

In Avançon gehen Sie auf der Rue de Château nach links und sehen schon die Kirche mit ihren gotischen Fensterbögen leicht erhöht stehen. Gehen Sie davor rechts und zwischen Kirche und Rathaus auf der Rue Achille Monceau aus dem Ort. Etwa 500 m nach dem Ortsende zweigt an einem Wegkreuz die D26 im Bogen nach links ab. Sie bleiben auf der gerade weiterführenden D150 bis Saint-Loup-en-Champagne.

An der Kirche nehmen Sie die D38 nach links Richtung Südosten bis zu den letzten Häusern. Der Jakobsweg führt geradeaus auf einem breiten Weg zwischen

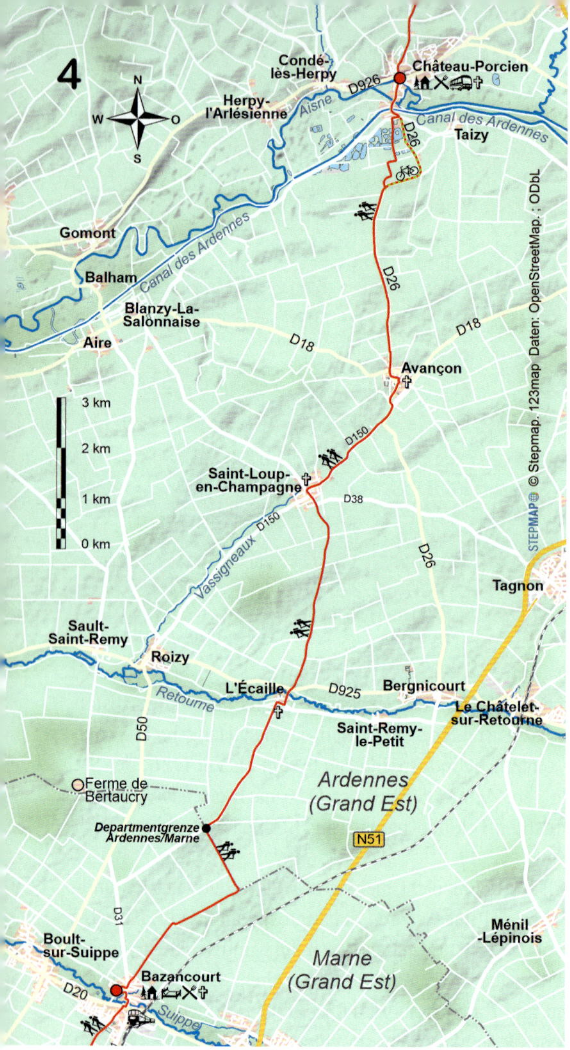

großen Feldern über den Hügel. Queren Sie die D925 vorsichtig, hier wird schnell gefahren, und gehen Sie in L'Écaille am Rathaus rechts bis zur Kirche, wo Sie sich links halten. Die Rue de l'Église wird zur C3 (Rue de l'Espérance). Folgen Sie ihr aus dem Ort, bis sie in einem kleinen Wäldchen einen leichten Knick nach rechts macht. Etwa 300 m danach quert ein geschotterter Feldweg. Gehen Sie darauf links und etwa 1,5 km bis zum Ende an einem Heckenstreifen.

Exakt an dieser Stelle verlassen Sie das Département Ardennes und betreten das Département Marne. Gehen Sie hier rechts und nach weiteren 1,5 km kurz rechts und wieder links. Sie erreichen die Häuser von Bazancourt und die D31 (Rue de Riozy). Auf der zweiten Straße nach rechts, der Rue Gustave Haguenin, und der nächsten links kommen Sie zum Rathaus und der Dorfkirche, die Gîte municipal ist in unmittelbarer Nähe am Platz.

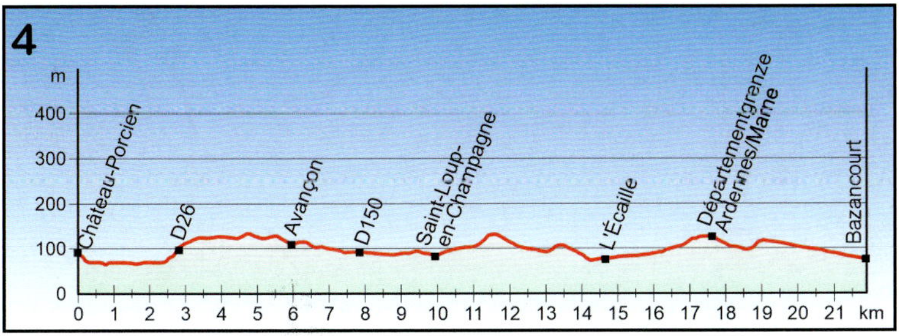

Bazancourt

⇧ 74 m, 51110, 2.040 Ew.

Gîte municipal, Place de la Mairie, ☏ 03 26 91 10 00 (Gemeindeamt), einfache Unterkunft mit 4 Betten und Dusche am Gemeindesaal, Mikrowelle + Geschirr, Ü gratis, Mo-Fr 9:00-12:00 und 15:00-18:00, Sa 9:00-12:00, Ankunft nur während der Öffnungszeiten, Reservierung zwingend erforderlich, direkt am Rathausplatz

Hotel/Bar/Restaurant le Moderne, 35 Rue Jean Jaurès, ☏ 03 26 03 30 11, lemoderne-bar.business.site, Ü € 25, HP € 45, Restaurant Mo-Sa 6:30-13:30 und 16:00-20:30, So 8:00-13:00, nach Überquerung der Suippe auf der Rue Jean Jaurès links bis zur nächsten Kreuzung

Wochenmarkt Freitagvormittag

SNCF, regionale Verbindung Reims–Charleville-Mézieres

Bazancourt – Reims 17,8 km

Der gelb-blau markierte Jakobsweg führt Sie zum Zentrum des Ortes mit den Geschäften und dem Hotel. Gehen Sie dafür links zurück zur D31 (Rue de Roizy) und weiter Richtung Süden. Die Straße wird zur Rue du Docteur Gibout. Folgen Sie der etwas gewundenen Straße am Kriegerdenkmal vorbei über die Suippe und bis zur D20 (Rue Jean Jàures). Bahnhof und Hotel mit Bar liegen links, der Supermarkt rechts.

Für den Weiterweg kreuzen Sie die D20 etwas nach rechts versetzt auf die Rue de l'Espérance und dieser über den Kreisverkehr und zwischen den Sportanlagen bis auf freies Feld. In den mächtigen Industrieanlagen beidseits des Weges wird unter anderem in einem neuartigen Verfahren Bioethanol gewonnen.

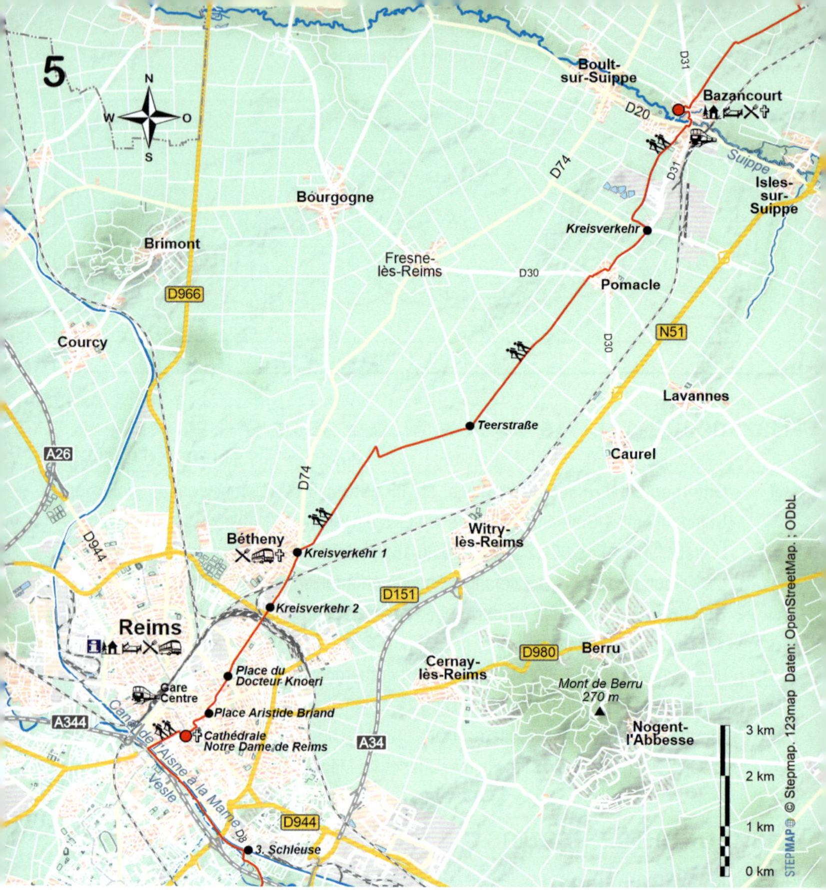
5
N
W
O
S
Boult-sur-Suippe
Bazancourt
D31
D20
D74
Suippe
Isles-sur-Suippe
Bourgogne
Kreisverkehr
Brimont
Fresne-lès-Reims
D30
Pomacle
D966
Courcy
N51
Lavannes
Teerstraße
Caurel
A26
D74
D944
Bétheny
Kreisverkehr 1
Witry-lès-Reims
D151
Kreisverkehr 2
Reims
Place du Docteur Knoeri
Gare Centre
Cernay-lès-Reims
D980
Berru
Mont de Berru 270 m
Place Aristide Briand
A344
Cathédrale Notre Dame de Reims
Canal de l'Aisne à la Marne
Vesle
A34
Nogent-l'Abbesse
D944
3. Schleuse
3 km
2 km
1 km
0 km
STEPMAP © Stepmap. 123map Daten: OpenStreetMap.; ODbL

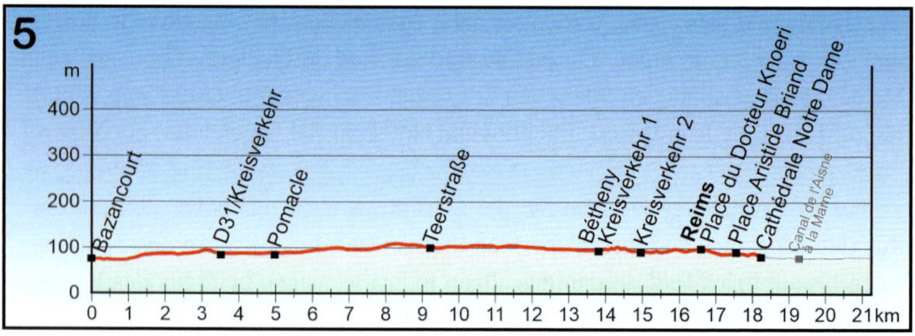
5
m
400
300
200
100
0
Bazancourt
D31/Kreisverkehr
Pomacle
Teerstraße
Bétheny
Kreisverkehr 1
Kreisverkehr 2
Reims
Place du Docteur Knoeri
Place Aristide Briand
Cathédrale Notre Dame
Canal de l'Aisne à la Marne
0 1 2 3 4 5 6 7 8 9 10 11 12 13 14 15 16 17 18 19 20 21km

Die Straße führt nach den Zäunen nach links zu einem Kreisverkehr. Rechts entlang am Ackerrain neben der D31 erreichen Sie bequem Pomacle.

Prüfen Sie hier noch einmal Ihre Wasservorräte, bis Bétheny gibt es nichts.

Die erste Querstraße nach rechts ist von einem Bach mit kleinem Park gesäumt und führt in einem Linksbogen zu einer Marienstatue. Gehen Sie hier rechts und gleich wieder links auf den Chemin de Crevasson. Folgen Sie diesem aus dem Ort und immer geradeaus bis zum Horizont – zumindest wird Sie dieses Gefühl auf den nächsten baumlosen 8,5 km beschleichen. Hier bekommen Sie eindeutig einen Vorgeschmack auf die Meseta in Nordspanien präsentiert, den berühmt-berüchtigten Wegabschnitt des Camino Francés mit seinen schier endlos erscheinenden Wegen durch baumlose und schattenlose Agrarflächen.

Queren Sie nach etwa 4 km die Teerstraße zwischen den Ortschaften Fresne-Lès-Reims und Witry-Lès-Reims. Der Feldweg macht nach weiteren 2 km einen harten Knick nach rechts und endet nach 200 m an einer T-Kreuzung. Gehen Sie hier scharf links. Nach nochmals 2,5 km haben Sie es überstanden und den Kreisverkehr am Ortsrand von Bétheny und damit den Rand des Großraumes Reims erreicht.

☺ Zur Belohnung erblicken Sie auf dieser Strecke direkt vor Ihnen in der Ferne zum ersten Mal die Türme der Kathedrale von Reims.

Für einen Besuch in Bétheny zur Erfrischung an der Bar oder Versorgung in den Geschäften nehmen Sie hier die Rue de la Gare nach rechts und die zweite Straße nach links, die Rue du Commerce, bis zur Kirche im Ortszentrum. Den Abstecher müssen Sie nicht zurückgehen, sondern können der Straße weiter bis aus der Bebauung heraus und über eine Brücke über die Bahnanlagen folgen. Dann halten Sie sich links auf die Rue de la Potière und erreichen wieder die D74 (Voie Romaine) und damit den offiziellen Jakobsweg. Gehen Sie hier rechts.

Bétheny BANK ⇧ 96 m, 51450, 6.970 Ew.

Wochenmarkt Mittwochvormittag

CITURA, ÖPNV Reims, L8 Bétheny – Reims Centre

Der Jakobsweg führt an dem Kreisverkehr am Ortseingang von Bétheny auf der D74 weiter Richtung Reims. Bleiben Sie anfangs auf der linken Seite und gehen Sie zu Ihrer eigenen Sicherheit neben der Fahrbahn im Gras. Nach der ersten Brücke steht Ihnen ein Gehweg am Straßenrand zur Verfügung.

☝ Bevor Sie Reims betreten, ein Hinweis: Es gibt im gesamten Stadtgebiet keine Markierungen des Jakobsweges. Dies wird sich vermutlich eines Tages wieder ändern, zum Zeitpunkt der Drucklegung dieses Führers gab es jedenfalls keine. Achten Sie deshalb auf die Beschreibung.

Doch der Weg nach Reims hinein ist leicht zu finden: Gehen Sie knapp 4 km auf der D74 (Route de Bétheny) geradeaus weiter. Diese wird an einem Kreisverkehr, dem Place du Docteur Knoeri, zur Rue Camille Lenoir. Folgen Sie dieser bis zur querenden, vierspurigen D944 (Boulevard Lundy). Hier müssen Sie kurz links zum Place Aristide Briand und rechts in die Rue Cérès. Auf dem Place Royal heißt Sie vor dem Gebäude der Präfektur von Reims König Ludwig XV. willkommen. Halten Sie Abstand und gehen Sie gleich zu Beginn des Platzes noch unter den Arkaden nach links auf die Rue du Grand Credo. An der nächsten Kreuzung ist die Kathedrale rechts von Ihnen nicht zu übersehen. Folgen Sie nach rechts der Rue Robert de Coucy bis zum Platz und genießen Sie den Blick auf die Westfront der Kathedrale von Reims.

Gratuliere! Sie haben den ersten großen Wegabschnitt der Via Campaniensis erfolgreich gemeistert.

Reims

BANK ⌘ ✝

⇧ 84 m, ✉ 51100, 182.500 Ew.

Office de Tourisme du Grand Reims, 6 Rue Rockefeller, 51725 Reims, ☏ 03 26 77 45 00, accueil@reims-tourisme.com, www.reims-tourisme.com, Mo-Sa 9:00-19:00, So 10:00-18:00, in der Straße gegenüber der Westfront der Kathedrale nach ca. 100 m rechts

Centre International de Sejour, 21 Chaussée Bocquaine, ☏ 03 26 40 52 60, info@cis-reims.com, www.cis-reims.com, sehr saubere Unterkunft mit Hostelcharakter, T @, Abendessen auf Anfrage, Frühstück € 5,50, Ü im Mehrbettzimmer € 16,50, EZ € 30, 24/7, auf beschriebenem Jakobsweg zum Canal de l'Aisne à la Marne und nach der Brücke die erste Straße links

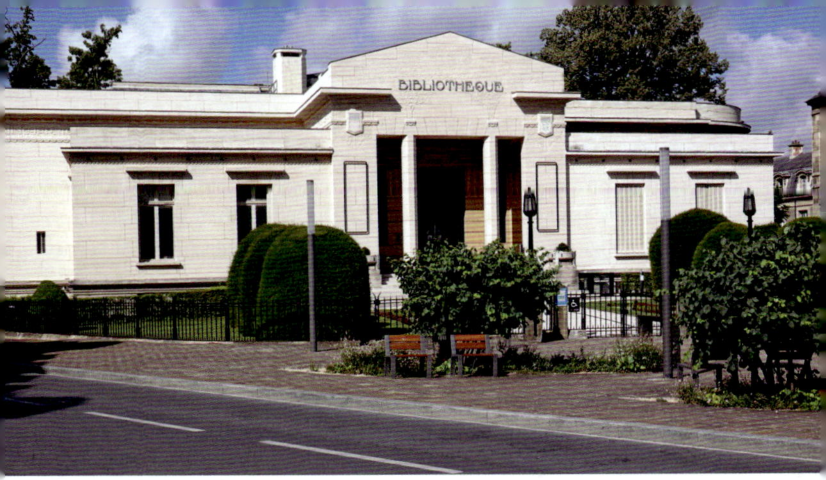

Bibliothèque Carnegie in Reims

Maison Diocésane St-Sixte, 16 Rue du Barbâtre, ☏ 03 26 82 72 50, maison.st.sixte@wanadoo.fr, catholique-reims.fr/maison-diocesaine/saint-sixte, ruhige und angenehme Unterkunft im Gebäude des ersten Priesterseminars von Reims, @, Frühstück € 6, Ü EZ ab € 25, Handtuch + Bettwäsche inbegriffen, Mo-Do 8:30-12:00 und 14:00-18:00, Fr 8:30-12:00 und 14:00-17:00, Sa 9:00-12:00, für Übernachtungen am Wochenende Anmeldung während der Woche, auf der Ostseite der Kathedrale den Cours Anatole France nach Süden und in Verlängerung die Rue de l'Université und Rue de Barbâtre, ca. 550 m

♦ **Hotel Crystal**, 86 Place Drouet d'Erlon, ☏ 03 26 88 44 44, reservation@hotel-crystal.fr, www.hotel-crystal.fr, ruhiges und sehr zentral gelegenes Hotel im Rückgebäude mit begrüntem Innenhof, @, Frühstück € 11, Ü 1 Pers. ab € 78, 2 Pers. ab € 88, 24/7, vom Bahnhof schräg rechts auf dem Place Drouet d'Erlon, der Fußgängerzone mit Bars und Restaurants

Wochenmarkt täglich vormittags, auf verschiedenen Plätzen

SNCF, regionale Verbindungen ab Bahnhof Gare Centre u. a. nach Bazancourt und Épernay, überregionale TGV-Verbindungen u. a. nach Paris und Straßburg ab Bahnhof Champagne-Ardenne am Stadtrand (erreichbar per Straßenbahn)

CITURA, ÖPNV Reims, u. a. Verbindung ab Gare Centre/Stadtzentrum zum TGV-Bahnhof Champagne-Ardenne (Linie B)

CITURA, ÖPNV Reims, u. a. Verbindungen nach Bétheny und Cormontreuil

✞ **Cathédrale Notre Dame de Reims** (UNESCO-Welterbe), Place du Cardinal Luçon. Die Grundsteinlegung zum Bau der Kathedrale folgte auf den Brand des Vorgängerbaus im Jahr 1211 und das Bauwerk war bis auf die Westfront schon Ende des Jahrhunderts fertiggestellt. Die Erweiterung des Langhauses wurde noch nötig, um die Gäste der Königskrönungen aufnehmen zu können, und man errichtete anschließend auch die Westfront. Aufgrund von Bränden und Kriegswirren kam der Bau zwischenzeitlich zum Erliegen und die geplanten Türme der Westfassade sowie der Turm über der Vierung kamen nicht mehr zur Ausführung.

Markantes Erkennungsmerkmal an der Westfront ist die Galerie der in der Kathedrale gesalbten Könige in der letzten Ebene unter den Türmen, die sich über die gesamte Breite der Front und um die Türme herumzieht. Die Rosette im oberen Teil des Langhauses in ihrer äußerst filigranen Ausführung und die Verwendung des gleichen Baumotivs im Tympanon ist einzigartig für die Zeit und wurde zum Wegweiser für viele andere Kirchenbauten. Der Skulpturenreichtum der drei Hauptportale an der Westfront, aber auch der Seitenportale auf der Nordseite lässt einen nur staunend und mit gehobenem Kopf verharren.

Der lichtdurchflutete Innenraum begeistert zum einen durch seine enormen Dimensionen, die durch die in der Hochgotik so typische Verfolgung einer jeden Gewölberippe bis weit nach unten in das Kirchenschiff auch noch optisch ausgereizt werden. Die Raffinesse, dies an den Vierungspfeilern am Kreuz von Lang- und Querhaus bis nach unten durchzuziehen und damit den Grundriss nochmals zu betonen, ist nur ein Beispiel für die ausgefeilte Baukunst der Hochgotik.

Ebenfalls lohnend ist ein Blick von außen auf die seitliche Fassadengliederung mit den durchbrochenen Strebepfeilern, die die Last des Daches nach unten abtragen und so den überhöhten Innenraum erst möglich machen. Die Krönung dieser Konstruktionsweise ist freilich auf der Ostseite mit der radialen Anordnung um die Apside und ihren Seitenkapellen zu sehen – der Weg um das Bauwerk lohnt sich. Auch bilden hier der angrenzende Bischofspalast und die zugehörige Kapelle mit der Kathedrale ein schmuckes Ensemble.

Zu Recht gilt die Kathedrale von Reims neben Notre-Dame in Paris und Chartres als eines der bedeutendsten Bauwerke Frankreichs. Allein der Vergleich der Datierung der französischen Kathedralen mit anderen gotischen Bauwerken in Europa zeigt, dass dieser Baustil hier entwickelt und auch zur Perfektion gebracht wurde.

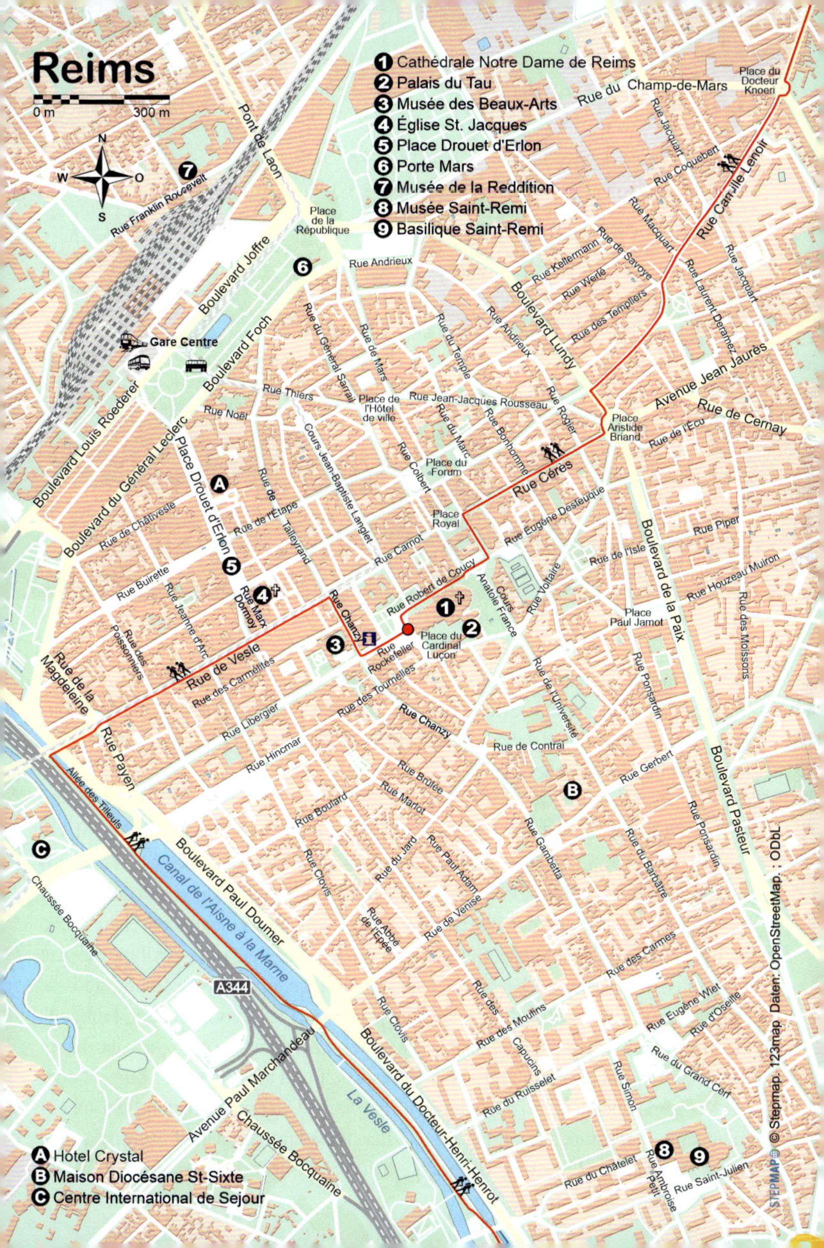

Reims
0 m
300 m
N
W
O
S
1 Cathédrale Notre Dame de Reims
2 Palais du Tau
3 Musée des Beaux-Arts
4 Église St. Jacques
5 Place Drouet d'Erlon
6 Porte Mars
7 Musée de la Reddition
8 Musée Saint-Remi
9 Basilique Saint-Remi
A Hotel Crystal
B Maison Diocésane St-Sixte
C Centre International de Sejour
Gare Centre
Place de la République
Place du Docteur Knoeri
Place de l'Hôtel de ville
Place du Forum
Place Royal
Place Aristide Briand
Place du Cardinal Luçon
Place Paul Jamot
Rue du Champ-de-Mars
Rue Franklin Roosevelt
Pont de Laon
Boulevard Joffre
Boulevard Foch
Boulevard Louis Roederer
Boulevard du Général Leclerc
Place Drouet d'Erlon
Boulevard Lundy
Boulevard de la Paix
Boulevard Pasteur
Boulevard Paul Doumer
Boulevard du Docteur-Henri-Henrot
Rue Camille Lenoir
Avenue Jean Jaurès
Rue de Cernay
Rue Cérès
Rue de Vesle
Rue Chanzy
Rue Andrieux
Rue Thiers
Rue Noël
Rue du Général Sarrail
Rue de Mars
Rue du Temple
Rue Jean-Jacques Rousseau
Cours Jean-Baptiste Langlet
Rue Carnot
Rue Robert de Coucy
Rue Rockefeller
Rue des Tournelles
Rue Libergier
Rue Hincmar
Rue Buirette
Rue de Châtivesle
Rue de l'Étape
Rue de Talleyrand
Rue Marx Dormoy
Rue Jeanne d'Arc
Rue des Poissonniers
Rue des Carmélites
Rue de la Magdeleine
Rue Payen
Allée des Tilleuls
Canal de l'Aisne à la Marne
A344
Chaussée Bocquaine
Avenue Paul Marchandeau
La Vesle
Rue de l'Université
Rue de Contrai
Rue Gambetta
Rue Gerbert
Rue Ponsardin
Rue du Barbâtre
Rue des Carmes
Rue Eugène Wiet
Rue d'Oseille
Rue du Grand Cerf
Rue Simon
Rue du Châtelet
Rue Ambroise Petit
Rue Saint-Julien
Rue du Ruisselet
Rue des Moulins
Rue des Capucins
Rue Clovis
Rue de Venise
Rue Paul Adam
Rue du Jard
Rue Boulard
Rue Brûlée
Rue Marlot
Rue Abbé de l'Épée
Rue Voltaire
Cours Anatole France
Rue Eugène Desteuque
Rue de l'Isle
Rue Piper
Rue Houzeau Muiron
Rue des Moissons
Rue de l'Écu
Rue Rogier
Rue Bonhomme
Rue du Marc
Rue Colbert
Rue Kellermann
Rue Werlé
Rue des Templiers
Rue de Savoye
Rue Macquart
Rue Coquebert
Rue Jacquart
Rue Laurent Derame
Stepmap, 123map Daten: OpenStreetMap, ODbL
© Stepmap
STEPMAP

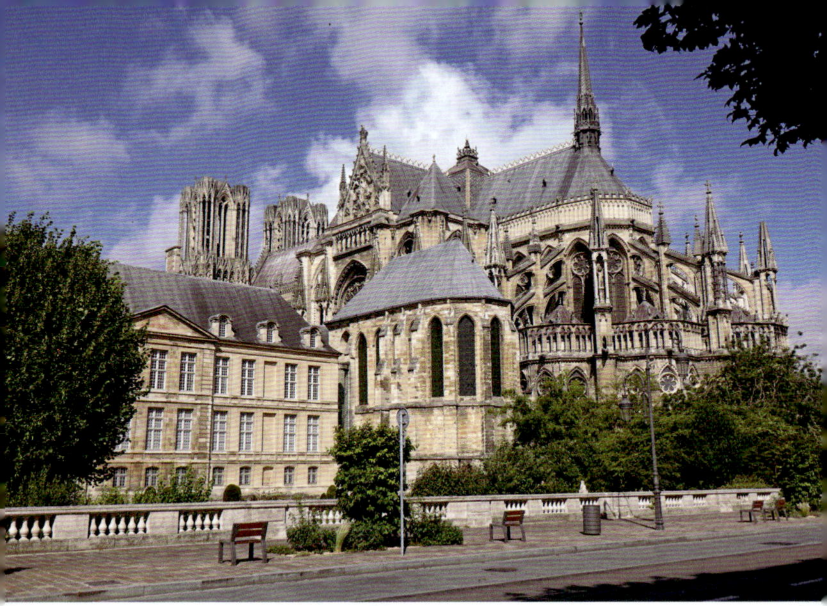

Cathédrale Notre Dame de Reims

☺ Haben Sie Jakob den Älteren – Saint Jacques de Compostelle – unter den Skulpturen in der Westfassade gefunden? Er wird ja eindeutig immer mit Schlapphut, Wanderstab und Kalebasse dargestellt und ist als solcher gut erkennbar. Er wacht rechts direkt neben der großen Rosette.

✝ **Basilique Saint-Remi**, Rue Ambroise Petit. Die Kirche wurde im 11. und 12. Jh. über dem Grab des heiligen Remigius errichtet. Die Basilika zeigt im Langhaus an den Seitenwänden der Joche eine wahrlich beeindruckende Finesse in der Anordnung und Linienführung der Bögen in den drei übereinanderliegenden Ebenen und darf zu Recht als leuchtendes Beispiel spätromanischer Baukunst gerühmt werden. Man muss dazu aber auch wissen, dass die kreuzgerippte Überwölbung und die fast bis ganz nach unten folgenden Dienste oder Pfeilervorlagen der Frühgotik zuzurechnen sind und etwas später eingefügt wurden. Das gotische Chorhaupt wurde zur gleichen Zeit in gotischem Stil errichtet und steht in seiner proportionalen Vollkommenheit dem Langhaus in nichts nach. Insgesamt entstand ein Innenraum von herausragender Erhabenheit, der unbedingt besichtigt werden sollte. Bemerkenswert sind ebenfalls die noch erhaltenen Buntglasfenster aus dem 12. Jh.

✞ **Église St. Jacques**, 11 Rue Marx Dormoy. Mit dem Bau der Kirche wurde noch vor der Kathedrale begonnen. Im Laufe der Jahrhunderte wurde sie immer wieder ergänzt und heute sehen Sie eine, na ja, einigermaßen harmonische Mischung von Baustilen aus vier Jahrhunderten. Die modernen Glasfenster im Chor wurden von einem tschechischen Künstler gestaltet und zeigen symbolhaft die Geschichte Jakobus des Älteren im Zusammenhang mit der Pilgerei nach Santiago.

⌘ **Palais du Tau**, ehemaliger Bischofspalast, absolut sehenswerte Innenräume, unter anderem mit großformatigen Wandteppichen; Ausstellung des Reimser Domschatzes

♦ 2 Place du Cardinal Luçon, aktuelle Infos auf der allgemeinen Homepage der Museen (s. u.)

⌘ **Musée des Beaux-Arts**, Malerei und Keramiken aus fünf Jahrhunderten

♦ 8 Rue Chanzy, täglich 10:00-12:00 und 14:00-18:00

⌘ **Musée Saint-Remi**, städtisches historisches Museum Reims, erzählt die Geschichte der Stadt Reims anhand von Modellen, Kunst- und Alltagsobjekten der Metropole sowie Überresten aus römischer Zeit

♦ 53 Rue Simon, in der ehemaligen Abtei Saint-Remi, täglich 10:00-12:00 und 14:00-18:00

⌘ **Musée de la Reddition** – Museum der Kapitulation, Zugang zum berühmten Kartenraum im heutigen Lycée Roosevelt, Darstellung von Ablauf und Hintergründen der entscheidenden Nacht der Kapitulation

♦ 12 Rue Franklin Roosevelt, aktuelle Infos auf der allgemeinen Homepage der Museen (s. u.)

☺ Nähere Informationen zu den Museen, aktuellen Öffnungszeiten und weiteren Ausstellungen finden Sie zusammengefasst auf einer Homepage der Stadt, auch in deutscher Sprache, www.musees-reims.fr.

Reims wurde wohl von den Galliern gegründet und war schon bei den Römern Verkehrsknotenpunkt und Handelszentrum. Im Jahr 250 wurde Reims Bischofssitz. Einer der ersten Bischöfe war Remigius, später heiliggesprochen, der 599 den Frankenkönig Chlodwig hier taufte und damit Reims als geistlich bedeutendes Bistum etablierte. Ganz grob gesagt entstand daraus das sogenannte Frankenreich und damit der Vorläufer des heutigen Frankreich. Seit 816 mit Pippin dem Kurzen wurden fast alle französischen Könige in Reims gesalbt und die Stadt erhob sich zu einem schillernden Zentrum geistlicher, akademischer und künstlerischer Bildung.

Die Stadt wurde im Laufe der Jahrhunderte aber mehrfach heftig gebeutelt. Im Zuge der französischen Revolution wurden 26 Kirchen im Stadtgebiet zerstört. Im Ersten Weltkrieg war die Stadt hart umkämpft und lag schließlich in Schutt und Asche. Daher finden sich heute nur relativ wenige alte Gebäude aus den frühen ruhmreichen Jahrhunderten. Die beiden Basiliken und der angrenzende Bischofspalast, das Palais du Tau, bilden neben vereinzelten Resten in der Stadt die Ausnahme.

Das gab aber auch Raum für einen großzügigen Wiederaufbau in den 20er- und 30er-Jahren, viele Art déco-Fassaden zeugen davon und verleihen dem Stadtzentrum ihren heutigen optischen Charakter.

Am 7. Mai 1945 wurde in Reims im Hauptquartier der Alliierten die Kapitulation der deutschen Truppen besiegelt und der Zweite Weltkrieg fand sein Ende. Am 8. Juli standen hier Charles de Gaulle und Bundeskanzler Konrad Adenauer zum Zeichen französisch-deutscher Versöhnung, 50 Jahre später François Hollande und Angela Merkel. So wurde die Kathedrale auch zum Symbol des Friedens zwischen den Nachbarvölkern.

Der Place Royale etwas nördlich der Kathedrale ist als Kreuzungspunkt der beiden alten römischen Straßenachsen das räumliche Zentrum der Stadt, man kann das auf dem Stadtplan gut nachvollziehen. Hier stehen das im 17. Jh. nach gnadenlosem Abriss mittelalterlicher Gebäude implantierte Rathaus und eine gewaltige Statue von König Ludwig XV. In der Verlängerung der Nordachse steht noch die alte römische Porte Mars und markiert zusammen mit dem Park entlang des Bahnhofs den Verlauf der alten Stadtmauer.

Die Fußgängerzone finden Sie etwas weiter westlich, sie beginnt am südlichen Ende des Bahnhofsvorplatzes mit dem Place Drouet d'Erlon. Hier finden Sie auf einem breiten Boulevard Bars und Restaurants mit unzähligen Tischen unter Bäumen in Freien, die durchaus an schönen Tagen mittags und abends voll besetzt sind. Weiter zum Zentrum hin sind die meisten Geschäfte Reims angesiedelt.

Reims – Germaine 20 km

Der Weg aus Reims gen Süden beginnt an der Westfront der Kathedrale. Gehen Sie geradeaus mit der Kathedrale im Rücken in die Rue Libergier, nach dem Office de Tourisme nach rechts und an den Straßenbahnschienen auf der Rue de Vesle links nach Westen weiter. Auf der Brücke über den Canal de l'Aisne à la Marne gibt es auf der linken Fahrbahnseite zwischen Kanal und Autobahn eine Treppe und einen Lift nach unten zu dem beliebten Weg entlang des Kanals, der sogenannten Allée des Tilleuls. Jogger, Radfahrer und auch Fernwanderer nutzen diese autofreie Strecke, um aus der Stadt zu gelangen. Gehen Sie nach unten zum Wasser, auf dem Weg am Kanal Richtung Süden, an dem kleinen Hafen vorbei, und bleiben Sie immer unten am Wasser. Vor der dritten Schleuse müssen Sie an einer kleinen Schranke rechts hoch auf die D8 (Route de Cormontreuil) und halten sich dort rechts. Dieser Abzweig ist hier wieder mit den bekannten gelb-blauen Streifen markiert. Folgen Sie der Straße über die Autobahn

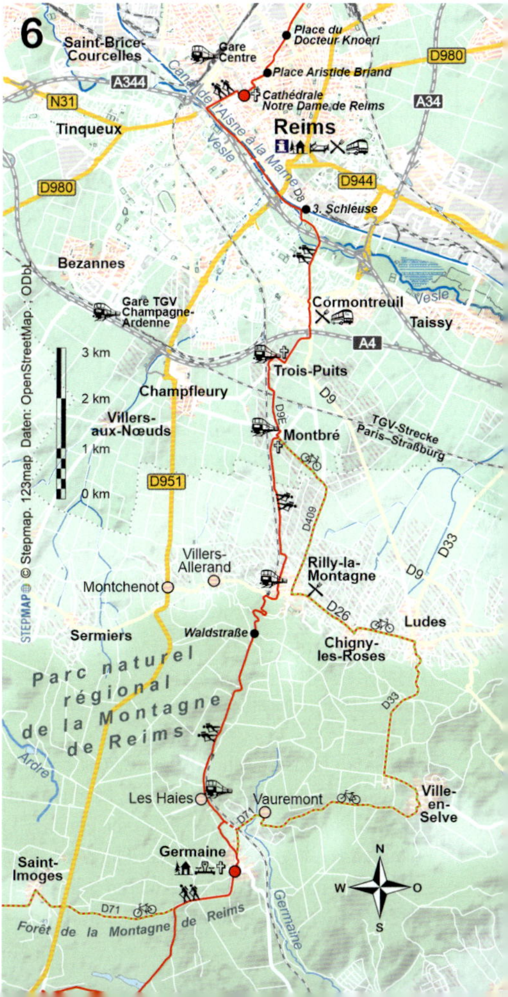

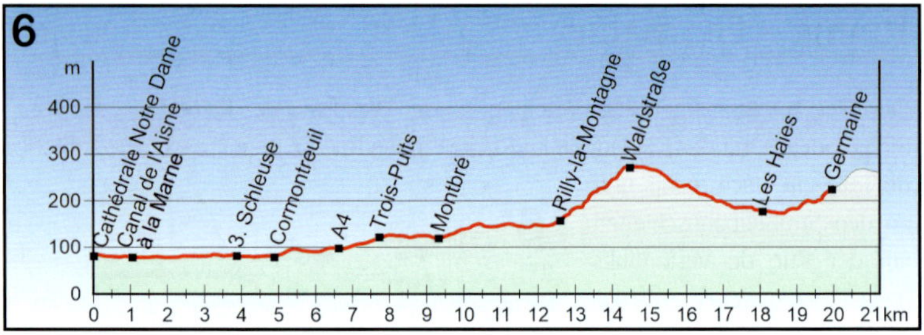

nach Cormontreuil, dessen Zentrum an der Bar (hervorragender Espresso) und links in der Seitenstraße an der Bäckerei und Metzgerei gut erkennbar ist. Auf der Rue Chanzy links an der Bar vorbei und in deren Verlängerung auf der Rue Aristide Briand kommen Sie an einen großen Kreisverkehr zu Beginn des Industrie- und Einkaufsgebietes.

Cormontreuil ⇧ 87 m, 51350, 6.520 Ew.

CITURA, ÖPNV Reims, L2 Reims Centre – Centre Commercial de Cormontreuil

☺ Sollten Sie noch Bedarf an Ausrüstung haben, ist hier eine gute Gelegenheit zum Einkauf mit zwei großen Sportläden im nördlichen Teil des Industriegebietes.

Ansonsten nehmen Sie am Kreisverkehr die zweite Ausfahrt auf die D9 Richtung Louvois. Am ersten Kreisverkehr nach der folgenden Autobahnbrücke gehen Sie rechts ab und eine weniger befahrene Straße bringt Sie nach Trois-Puits.

Trois-Puits ✞ ⇧ 118 m, 51500, 150 Ew.

SNCF, regionale Verbindung Reims–Épernay, parallel zum Jakobsweg

Bei den Häusern führt die erste Straße rechts zur Kirche und Ortsmitte sowie in südlicher Verlängerung auch wieder aus dem kleinen Ort. Bleiben Sie an der Bahnlinie auf dem Feldweg an dieser entlang. Erste Weinberge tauchen auf, Sie befinden sich in der Champagne. Der Weg führt nach links zur D9E. Halten Sie sich rechts nach Süden, überqueren Sie die TGV-Strecke Paris–Straßburg und folgen Sie der Straße bis hinein nach Montbré.

Montbré

✞ 🚆 ⇧ 116 m, ✉ 51500, 280 Ew.

🚆 SNCF, regionale Verbindung Reims–Épernay, parallel zum Jakobsweg

🚲 Radfahrer bleiben an der Kirche mit Friedhof auf der Hauptstraße aus dem Ort hinaus bis zur D409 und fahren auf dieser nach Süden bis Rilly-la-Montagne.

Am Kriegerdenkmal gehen Sie rechts in die Rue de l'Église bis zur Kirche, links um den Friedhof herum und auf der ansteigenden Rue du Pressoir hinaus und wieder an der Bahnlinie entlang. In Rilly-la-Montagne endet die Rue Gambetta an der Rue Carnot. Auf dieser befinden sich Kirche und Geschäfte.

Rilly-la-Montagne

✕ 🍷 ⚕ BANK ✞ 🚆 ⇧ 155 m, ✉ 51500, 980 Ew.

✕ **G-Rillyfood's Restaurant** + Fast Food, 11 Rue Carnot, ☎ 03 59 28 25 44, 💻 www.grilly-foods.fr, 🚪 Di-Sa 11:30-14:00 und 18:00-22:00, So 18:00-22:00

🚆 SNCF, regionale Verbindung Reims–Épernay, parallel zum Jakobsweg

🚲 Der Weg hinauf in die Montagne de Reims ist mit dem Fahrrad auf keinen Fall machbar, es geht steil bergan. Nehmen Sie die D26 Richtung Osten über Chigny-les-Roses nach Ludes. An der Kirche vorbei führt die kleine D33 südlich nach Ville-en-Selve und hier die D71 Richtung Westen nach Germaine.

Geradeaus weiter auf der Rue de Chigny den Berg hinauf und in der Linkskurve nochmals geradeaus auf der Rue du 11 Novembre erreichen Sie die D26 und den Waldrand. Sie gehen rechts; es bietet sich Ihnen nach den Häusern nochmals ein Blick zurück auf Reims. Am Ortsschild führt eine Straße durch ein paar Häuser links hoch und am Ende ein Pfad in den Wald.

Sie betreten hier den Parc naturel régional de la Montagne de Reims, wie er offiziell heißt – einen bewaldeten Höhenzug zwischen Reims und dem Tal der Marne. Der erste Anstieg ist steil, anstrengend und kann bei Regen extrem rutschig werden. Seien Sie hier entsprechend vorsichtig. Am ersten wirklichen Abzweig auf einem kleinen Absatz wenden Sie sich links. Der Mountainbike-Trail geradeaus hoch ist zu steil, um begangen zu werden. Dann zweimal rechts erreichen Sie eine lange, breite Forststraße.

Nach etwa 3 km kommen Sie wieder auf Teer und erreichen die Häuser von Les Haies. Der Bahnhof liegt auf halber Strecke durch den Ort links.

Les Haies ⇧ 179 m, 51160, 790 Ew.

SNCF, regionale Verbindung Reims–Épernay, parallel zum Jakobsweg

Die Variante für Radfahrer ist auch für Fußgänger einfacher und nicht verfehlbar. Bleiben Sie auf der Hauptstraße und nehmen Sie die kreuzende D71 nach rechts hoch nach Germaine.

Der offizielle Weg führt 750 m nach der Rue de la Gare und dem Bahnhof auf der Hauptstraße nach der Hausnummer 29 rechts in eine Stichstraße zum Waldrand. Hier nehmen Sie einen Grasweg links am Wald entlang bis zu den Häusern von Germaine. Der Weg geht hier in die Rue Fossé Pion über und endet an der D71 (Rue de Louvois). Gehen Sie rechts hoch, die zweite Straße (Rue de Rilly) wieder rechts, am übernächsten Abzweig (Rue du Moulin) rechts hoch zur Rue de l'Étang, auf dieser nach links und am nächsten Abzweig auf der Rue de Courtagnon links bis zum Rathaus. Dieses liegt am höchsten Punkt des Ortes und ist kaum zu verfehlen.

Germaine ✝ ⇧ 214 m, 51160, 510 Ew.

Gîtes Le Petit Plessis, M. et Mme Gamichon, 36 Grande Rue, 06 84 65 60 03, claude.gamichon@wanadoo.fr, @, ÜF 1 Pers. € 34, 2 Pers. € 49, vom Rathaus hinunter zur Kirche, rechts gegenüber

Germaine – Champillon 6,2 km

Ihr Weg führt am Rathaus links vorbei auf der D71 den Hügel hoch Richtung Saint-Imoges. Etwa 1,6 km nach dem Rathaus weisen gelbe kleine Wegweiser auf einen breiten Wanderweg links Richtung nach Mutigny.

Biegen Sie nicht ab in den Wald, sondern fahren Sie auf der D71 geradeaus und durch Saint-Imoges durch bis zur D386. 2 km links von Ihnen liegt schon Hautvillers.

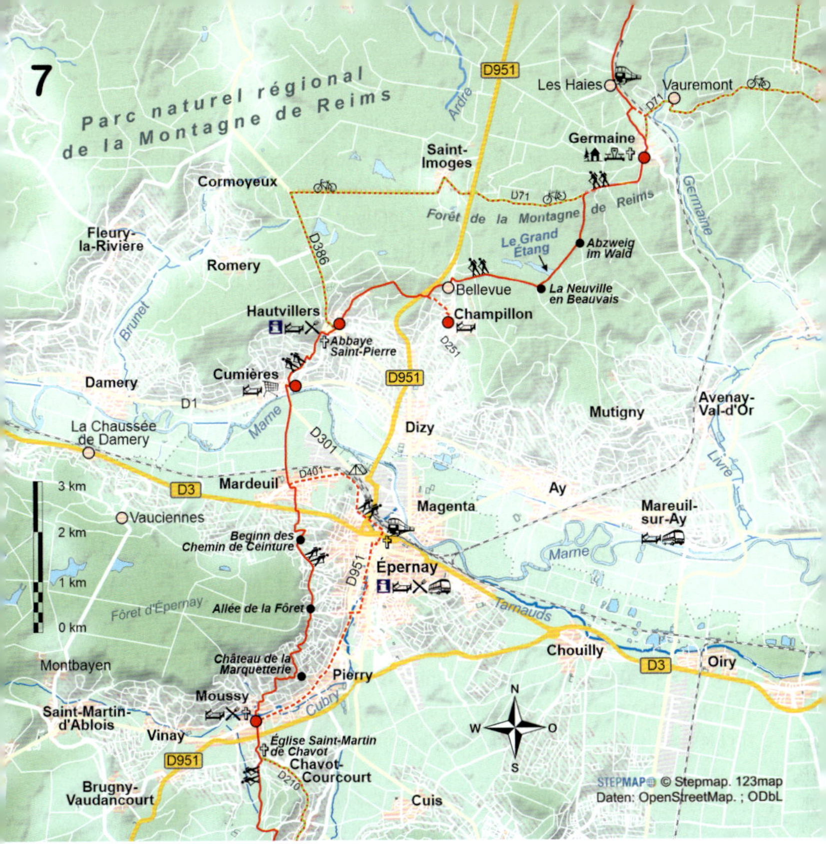

7
Parc naturel régional de la Montagne de Reims
D951
Les Haies
Vauremont
D71
Germaine
Saint-Imoges
Cormoyeux
Ardre
D71
Forêt de la Montagne de Reims
Le Grand Étang
Abzweig im Wald
La Neuville en Beauvais
Fleury-la-Rivière
Romery
D386
Bellevue
Champillon
Hautvillers
Abbaye Saint-Pierre
D251
Brunet
Cumières
D951
Damery
D1
Mutigny
Avenay-Val-d'Or
Germaine
Marne
Dizy
La Chaussée de Damery
D301
Livre
Mardeuil
D401
Ay
D3
Magenta
3 km
Vauciennes
Mareuil-sur-Ay
2 km
Beginn des Chemin de Ceinture
Marne
Épernay
D951
1 km
Fôret d'Épernay
Allée de la Fôret
Tarnauds
0 km
Chouilly
Château de la Marquetterie
Montbayen
D3
Oiry
Pierry
Moussy
Saint-Martin-d'Ablois
Cubry
N
W
O
S
Vinay
Église Saint-Martin de Chavot
D951
Chavot-Courcourt
D210
Brugny-Vaudancourt
Cuis
STEPMAP © Stepmap. 123map
Daten: OpenStreetMap. ; ODbL

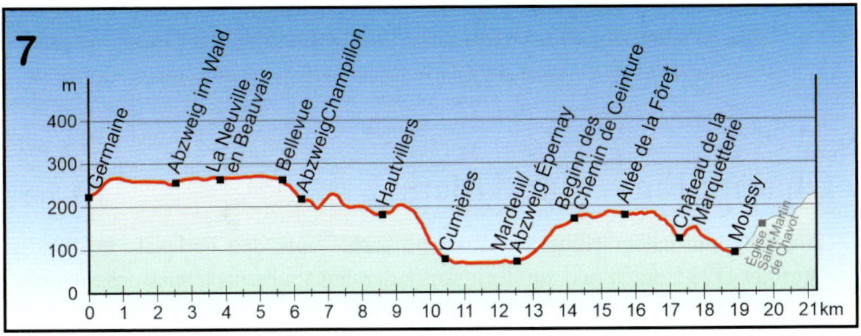

7
m
400
300
200
100
0
Germaine
Abzweig im Wald
La Neuville en Beauvais
Bellevue
AbzweigChampillon
Hautvillers
Cumières
Mardeuil/ Abzweig Épernay
Beginn des Chemin de Ceinture
Allée de la Fôret
Château de la Marquetterie
Moussy
Église Saint-Martin de Chavot
0 1 2 3 4 5 6 7 8 9 10 11 12 13 14 15 16 17 18 19 20 21 km

Nach etwa 1 km durch den Wald öffnet sich rechts eine große Fläche mit niedrigem Wildwuchs. Sie müssen an deren Beginn rechts am Waldrand entlang. Die Stelle ist leicht zu übersehen, da die Schotterpiste geradeaus weitergeht. Eine Markierung ist an der Stelle nur sehr unübersichtlich an einem Baum auf Ihrem neuen Weg rechts angebracht, aber nicht direkt am Abzweig an der Schotterpiste.

Halten Sie sich danach tendenziell eher geradeaus bis rechts. Ein Waldsee rechts des Weges nach etwa 700 m zeigt Ihnen, dass Sie richtig sind. Völlig überraschend tut sich dann eine kleine Lichtung mit einem Haus auf – La Neuville en Beauvais. Die breite, geschotterte Straße gegenüber bringt Sie an die ersten Häuser von Champillon. Gehen Sie rechts bis zur D251, auf dieser kurz links und vor dem Luxushotel rechts auf die Rue de la République.

Der Ortsteil heißt nicht umsonst Bellevue. An dem Aussichtspunkt haben Sie die Berge von Reims hinter sich gelassen und es tut sich ein herrlicher Blick auf Épernay und die Weinberge an der Marne auf. In diesem Abschnitt der Champagne an den Talhängen beidseits der Marne wird hauptsächlich die Rebsorte Pinot Noir angebaut (☞ Champagner, S. 83).

Der nächste Abzweig links führt hinunter nach Champillon, falls Sie hier übernachten möchten. Auf dem Hauptweg wenden Sie sich ansonsten hier nach rechts und folgen der weiteren Beschreibung.

Champillon

184 m, 51160, 500 Ew.

De l'Art dans l'Air, Les Chauffours, Rue des Genèves, 06 15 95 18 30, corinne.mille@neuf.fr, **T**, Abendessen auf Anfrage, ÜF € 30, am Ende der Rue de la République nach rechts auf die Rue René Baudet, ihrer Linkskurve folgend bis zum Rathaus, dann rechts auf die Rue des Geneves, es ist das erste Haus rechts nach dem Weinberg.

Champillon – Hautvillers

2,4 km

Gehen Sie auf halber Höhe am Waldrand rechts über den Parkplatz im Wald, unter der D951 durch und am Rechtsknick der Teerstraße nach links der rot-weißen GR-Markierung folgend auf den Waldweg Richtung Hautvillers. Auf der Rue d'Eguisheim erreichen Sie das Zentrum von Hautvillers mit Denkmal, Restaurants und Office de Tourisme.

Hautvillers 191 m, 51160, 700 Ew.

Office de Tourisme Intercommunal d'Hautvillers, Place de la République, 03 26 57 06 35, info@tourismo hautvillers.com, www.tourisme-hautvillers.com, April-Oktober Mo-Sa 9:30-13:00 und 13:00-17:30, So 10:00-16:00, November-April täglich 10:00-13:00 und 13:30-17:00, direkt am zentralen Platz

La Loge de Jo, 52 Rue de Bacchus, 06 42 28 69 01, lalogedejo@gmail.com, lalogedejo.wixsite.com/hautvillers, , ÜF DZ 2 Pers. ab € 60, direkt am Weg, 100 m vor dem Zentrum

Hautvillers geht unter den bekannten Namen Reims und Épernay leicht etwas unter, ist aber für die Produktion des Champagners von eminenter Bedeutung und ebenfalls Stammsitz mehrerer großer Champagnerhäuser.

Champagner

Man geht davon aus, dass seit dem 5. Jh. in der Champagne Wein angebaut wird. Nach der Krönung von König Karl V. in der Kathedrale zu Reims wurde dem Wein aus der Region Reims und Épernay internationale Aufmerksamkeit zuteil. Bis in das 17. Jh. hinein war der Wein noch „normaler" roter und weißer Wein ohne „Blubber". Man entdeckte erst in dieser Zeit, dass vor dem Winter abgefüllter Weißwein der Region im Frühjahr bei steigenden Temperaturen einen zweiten Gärprozess begann. Dies hängt vor allem mit der kalkhaltigen Bodenbeschaffenheit, dessen Fähigkeit zur Wasserspeicherung und dem so hohen Zuckergehalt in den Trauben zusammen. Etwa zur gleichen Zeit begann man damit, rote Trauben schonend zu ernten und noch am gleichen Tag zu pressen. So erhielt man den damals „grau" bezeichneten Wein, der Vorläufer des Blanc de Noir.

Im Jahr 1668 wurde Pierre Perignon Cellerar der Abtei von Hautvillers und begann, mit Weinen aus mehreren Traubensorten und auch der Beimischung von älteren Jahrgängen zu experimentieren. Auf diese Weise gelang es ihm, die Qualität und den Geschmack seiner Weine über die Jahre immer gleichschmeckend zu halten. Damit haben wir die Entstehung des Herstellungsprozesses von Champagner im Groben zusammen: Wein aus mehreren Traubensorten und Jahren, Blanc de Noir aus den roten Trauben, zweite Fermentierung in der Flasche.

Drei Traubensorten werden heute in der Champagne angebaut: Pinot Noir, Pinot Meunier und Chardonnay, die je nach Rezeptur unterschiedlich gewichtet miteinander verschnitten werden.

Eine große Schwierigkeit war, dass der schäumende Wein nur unter hohen Verlusten transportiert werden konnte, da die Flaschen aufgrund des Drucks zerbrachen. Etwa 1685 tauchte Kork zum Verschluss von Weinflaschen auf und 1735 entwickelte man in der Champagne die im Prinzip heute noch verwendete Form der Champagnerflasche. Damit war das Problem gelöst und es stand dem Export nichts mehr im Wege. 1882 wurde die Handelsgesellschaft für Weine aus der Champagne gegründet und 1908 legte man die offizielle Anbauzone auf einer Fläche von ca. 15.000 ha fest, die 1927 auf die heute noch gültige Fläche von 30.000 ha unter Berücksichtigung von Ländereien des Départements Aube und einiger bislang unberücksichtigter Städte festgelegt wurde.

Heute sind unter Einschluss aller Champagnerproduzenten, Produktionslinien und Flaschengrößen über 23.000 verschiedene Champagnerprodukte auf dem Markt. Es gibt freie Weinbauern, die einen Teil der Trauben an die großen Häuser verkaufen und nur einen Teil selbst verarbeiten und vermarkten. Namhafte Traditionshäuser halten sich teils noch als Familienbetrieb, aber etliche davon gehören schon großen Konzernen mit wirtschaftlichen Vertriebsstrukturen und nur der Name wird als Marke und in der alten Geschmacksrichtung noch weitergeführt.

Typische Landschaft in der Champagne

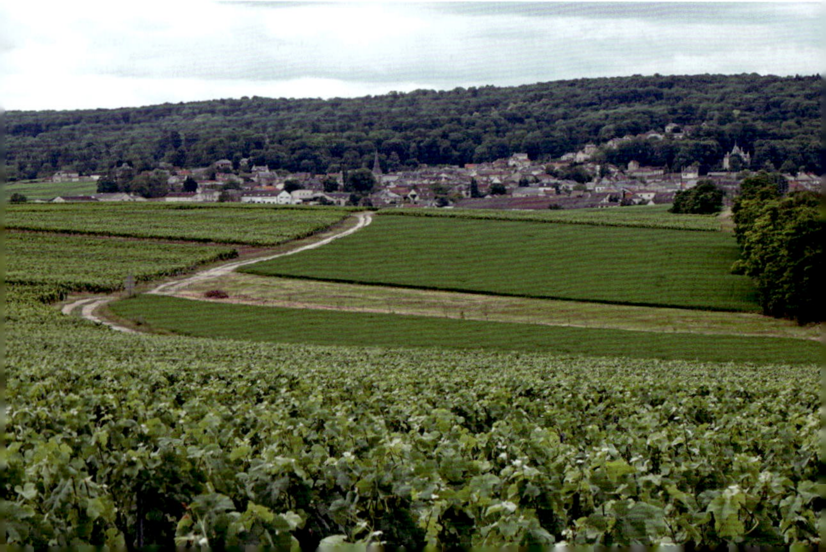

Hautvillers – Cumières 1,8 km

Nehmen Sie vom Zentrum Hautvillers die Rue Henry Martin geradeaus, dann schräg links die Rue de Cumières und gleich wieder rechts die Rue de l'Église zur Abbaye Saint-Pierre d'Hautvillers.

Die Rue de l'Aubrois führt links entlang der alten Klostermauern zu einem weiteren Aussichtspunkt mit Picknickplatz. Dieser bietet tatsächlich auch einmal einen erfrischenden Trinkwasserbrunnen und Schatten unter Bäumen. Ab hier bis südlich von Épernay säumen nun ausschließlich die Rebstöcke der Champagne Ihren Weg. Am Ende des Picknickplatzes zweigt eine Betonstraße nach unten in die Weinberge ab. An deren Ende gehen Sie rechts und achten kurz darauf auf die Wegmarkierung nach links auf einen kleinen Pfad zwischen den Reben. Dieser ist wirklich nur rudimentär vorhanden, wird aber schnell komfortabler und ist tatsächlich die sinnvollste Wegvariante hinunter nach Cumières. Gehen Sie, wieder auf Teer, der Straße nach links folgend, bis zur D1 (Rue Louis Dupont).

Cumières ⇧ 74 m, 51480, 760 Ew.

- **Le Chêne Plat,** M. et Mme Paté, 177 Rue de Dizy, ☏ 03 26 51 66 46, 06 72 92 36 02, renaud.pate@wanadoo.fr, www.lecheneplat.fr, ÜF 1 Pers. € 55, DZ € 65, auf der D1 nach Osten
- ♦ **Champagne Laval Louis**, 309 Rue du Bois des Jots, ☏ 03 26 51 72 98, champagnelavallouis@orange.fr, champagne-laval-louis.fr, angenehme Gästezimmer auf einem Weingut, @, Mikrowelle, ÜF EZ € 70, DZ € 80, September während der Weinlese oftmals geschlossen, auf der Rue Henri Martin nach Westen und in deren Verlängerung auf der Rue du Bois des Jots kurz vor Ortsende links

Cumières – Moussy
(markierter Jakobsweg ohne Épernay) 8,4 km

An der D1 (Rue Louis Dupont) führt 70 m weiter westlich die D301 (Allée des Cumières) hinunter zur Marne. 200 m nach der Brücke folgen Sie dem Abzweig nach rechts, über die Bahnlinie und bis zu den Häuser von Mardeuil.

Die offizielle Ausschilderung des Jakobsweges führt im Weiteren an Épernay vorbei, Sie können aber eine Variante durch Épernay nehmen, dessen Zentrum Sie nach 3 km erreichen. Bis Moussy sind es nur 1,7 km Umweg.

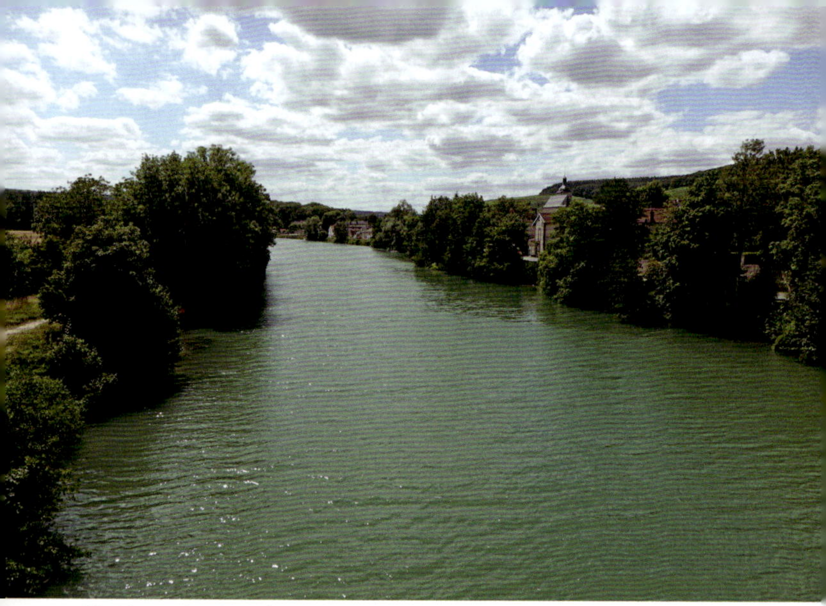

Die Marne bei Cumières

Variante über Épernay nach Moussy 7,9 km

Den Weg hinein nach Épernay und auf sinnvoller Strecke wieder hinaus finden Sie hier. Die erste Straße in Mardeuil ist links die D401 Rue Victor Hugo, auf der Sie in weitem Rechtsbogen an Bahn und Friedhof vorbei zur Rue Henry Dunant gelangen. Gehen Sie links und in Verlängerung auf der Rue Émile Duchâtel und vor dem Bahnhof rechts bis zur Kirche von Épernay. Der alte Stadtkern liegt nun vor Ihnen.

Ein schöner Weg hindurch führt nach der Kirche am Ende der Rue Dr Rousseau auf der Rue Dr Verron nach rechts und dann auf der Rue Saint-Rémy nach links Richtung Süden. Die kreuzende Rue Flodoard würde Sie links zum Place de la République und dem Office de Tourisme bringen.

Épernay

BANK

⇧ 79 m, 51200, 22.700 Ew.

Office de Tourisme d'Épernay, 7 Avenue de Champagne, ☏ 03 26 53 33 00,
tourisme@ot-epernay.fr, www.ot-epernay.fr,
Mo-Sa 9:30-12:30 und 13:30-17:00

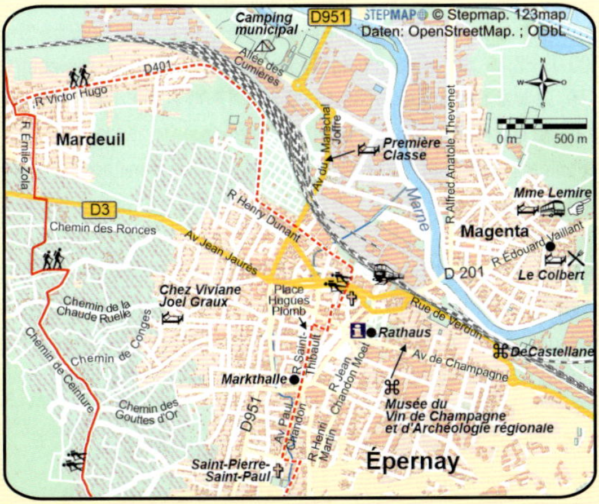

Weg durch Épernay

Hotel-Restaurant Le Colbert, 50 Rue Edouard Vaillant, ☎ 03 26 51 52 65, lecolbertepernay@aol.com, lecolbert.e-monsite.com, @, Frühstück € 6, Ü EZ € 39, DZ ab € 49, Restaurant 8:00-20:00, an der D201, 1,4 km östlich des Zentrums

Chez Viviane et Joel Graux, 4 Rue René Dricot, ☎ 03 26 59 72 39, 06 08 47 64 02, joel.graux@laposte.net, familiäre Privatunterkunft, @, ÜF € 60, südlich von Mardeuil in den westlichen Weinbergen von Épernay, auf dem Chemin de la Chaude Ruelle links Richtung Épernay, nach 500 m an der Gabelung rechts halten auf den Chemin de Conges und die erste Straße links

♦ **Mme Lemire**, 10 Rue René Chayoux, 51160 Mareuil sur Ay, 06 12 36 37 10, annielemleg@yahoo.fr, Zimmer mit Dusche in familiärer Atmosphäre, per Bus Linie 10 ab Bahnhof bis Endstation Mareuil Centre – Halte Nautique erreichbar, dann Richtung Norden über Impasse de Grève, Rue Ferrat und den Boulevard du N nach rechts, @, Abendessen und Frühstück auf Anfrage, Ü gegen Spende, etwa 6,5 km vom Bahnhof Épernay abseits des Pilgerweges

♦ **Hotel Première Classe**, Avenue du Maréchal Joffre, ☎ 03 26 55 15 10, epernay@premiereclasse.fr, www.premiereclasse.fr, @, Frühstück € 5,90, Ü DZ ab € 39, an der D951 nördl. der Bahngleise links, 1,5 km vom Zentrum entfernt

⛺ **Camping municipal d'Épernay**, Allée des Cumières, ☏ 03 26 55 32 14, 📱 06 08 63 29 19, ✉ camping@ville-epernay.fr, 💻 www.ville-epernay.fr, 🖃 *T* @, ab € 9, 🚪 Mai-September, 8:00-13:00 und 15:00-20:00, nahe der D951 zwischen Marne und Bahnhof, 2 km nördlich des Zentrums

Wochenmarkt Mittwoch, Samstag, Sonntag, jeweils vormittags

SNCF, regionale Verbindungen u. a. nach Reims und Paris

⌘ **Musée du Vin de Champagne et d'Archéologie régionale**. Der Besucher wird umfassend über die Champagne informiert – von der geologischen Entstehung des für den Champagner so wichtigen Kreidebodens über die Ansiedlung und Entwicklung der Bevölkerung und natürlich bis hin zu allem, was man zum Champagner selbst wissen muss.

♦ Château Perrier, 13 Avenue de Champagne, ☏ 03 26 55 03 56, 💻 archeochampagne.epernay.fr

Épernay kann man nicht wirklich als schön bezeichnen. Der Champagner prägt die ganze Stadt. Das Getränk wird teuer verkauft, entsprechend wohlhabend sind die meisten Besucher und sie auch nur des Einkaufs wegen überhaupt hier. Das Kommerzangebot ist mit Boutiquen aller namhaften Labels, teuren Restaurants und hochpreisigen Hotels darauf abgestimmt. Gebäude aus allen Jahrhunderten stehen in wilder Mischung. Man muss aber auch sagen, dass die Stadt im Laufe der Jahrhunderte immer und immer wieder angegriffen, gebrandschatzt, bombardiert und zerstört wurde.

Heute gilt Épernay als Champagnerhauptstadt, wenngleich auch Reims diesen Titel für sich beansprucht (☞ Champagner, S. 83). In der Avenue de Champagne im Osten der Fußgängerzone reihen sich die repräsentativen Bauten einiger großer Champagnerhäuser wie an einer Perlenschnur auf und laden mit Stil zu Verkostung und Kauf ein. Hier finden Sie auch das Museum zum Getränk sowie Rathaus und gleich am Anfang der Straße das Office de Tourisme.

☺ Eine Führung durch ein Champagnerhaus sollten Sie sich nicht entgehen lassen. Empfohlen werden kann hier das Haus De Castellane, erkennbar an dem weithin sichtbaren Turm an den Bahngleisen im Osten. Hier haben Sie zu einem reellen Eintrittspreis auch Zugang zu einem Teil der insgesamt existierenden 106 km Lagertunnel für Champagner allein unter Épernay und bekommen einen fundierten Einblick in die Historie des Produktionsprozesses von ihrem Anfang bis heute (💻 www.castellane.com). Natürlich bieten viele Champagnerhäuser Führungen an, achten Sie dabei aber auf die teilweise gesalzenen Eintrittspreise.

Um durch die Stadt zu kommen, bleiben Sie geradeaus auf der Rue Saint-Rémy, gehen an der nächsten Kreuzung nach rechts auf der Rue Général Leclerc, bis zur Rue Saint Martin und auf dieser links am Place Hugues Plomb entlang. Folgen Sie der Rue Saint-Thibault geradeaus, bis Sie rechts die alte Markthalle von Épernay mit ihrer gusseisernen Konstruktion entdecken. Auf der anderen Seite des Kreisverkehrs führt die Avenue Paul Chandon geradewegs auf die Kirche Saint-Pierre-Saint-Paul zu. Sie wurde Ende des 19. Jh als zweite katholische Kirche in Épernay in neoromanischem Stil erbaut. Gehen Sie vor der Kirche auf der Rue de Magenta links, gleich auf der Rue Frédéric Plomb wieder rechts und diese Straße entlang bis zur dritten Querstraße, der Avenue Paul Bert. Nach rechts erreichen Sie am Kreisverkehr die D951 (Avenue James et Gabriel Lecomte) und halten sich auf ihr links wieder Richtung Süden.

Kirche in Épernay

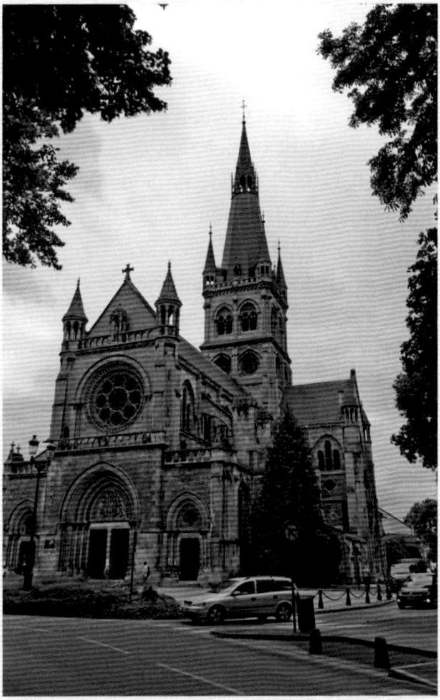

Eine einzige Häuserzeile trennt Sie hier von den Weinbergen im Westen der Stadt. Am nächsten Kreisverkehr mit Tankstelle und riesigem Supermarkt zweigt die D951 nach links ab. Sie bleiben jedoch in der Verlängerung nach Süden auf der Rue Jules Lobet und Rue du Général de Gaulle. Gehen Sie die Straße 3 km weiter bis Moussy, an dem Kreisverkehr mit skulpturaler Champagnerflasche haben Sie den offiziellen Jakobsweg wieder erreicht.

Auf der Rue de la Liberté in Mardeuil gehen Sie nach links und an der Rue Émile Zola rechts und kommen Sie nach oben zur D3. Die D3 wird wahrlich viel und auch schnell befahren, da sie die Hauptverbindung entlang der Marne ist. Sie müssen sie aber queren und 50 m weiter links auf dem Sente de Sourds weitergehen.

Ab hier beginnt das Labyrinth durch die Weinberge am Westhang von Épernay. Die Markierungen sind teilweise gut sichtbar an den Pfosten am Rand der Weinstockreihen angebracht. Manchmal sind die Stangen selbst farbig markiert, wobei man leider nicht immer davon ausgehen kann, dass dies auch eine Wegmarkierung sein soll, da es auch nur eine Kennzeichnung der Rebstöcke durch die Weinbauern sein kann. Ist nur ein Pfosten markiert oder andersfarbig markiert, ist es wahrscheinlich für Sie als Pilger interessant. Ein Trost ist, dass keine großen Umwege drohen, da die Parzellen relativ klein strukturiert sind. Zudem sind viele der Wege tatsächlich mit Namen ausgeschildert.

Folgen Sie von der D3 dem Sente de Sourds bergan. Gehen Sie an der T-Kreuzung nach rechts, über die nächste Querstraße geradeaus hinweg und an der Kreuzung auf dem Chemin des Vacheries nach links.

An der Stadt vorbei geht es für Sie auf dem Chemin des Champs de Linette rechts, der auf der anderen Seite des Chemin de la Claude Ruelle zum Chemin de Ceinture wird. Halten Sie auf diesem für etwa 1,7 km die Höhe am Hang entlang, bis Sie an einer weiten Kreuzung stehen, wo fünf Straßen zusammenlaufen. Diese ist eindeutig erkennbar an der Allée de la Fôret, die hier nach unten in die südlichen Bereiche der Stadt führt. Bleiben Sie oben und gehen Sie auf der unbenannten Straße etwa 800 m geradeaus, dabei immer die Höhe am Hang haltend bis zur T-Kreuzung. Hier gehen Sie nach links unten, die erste Straße (nicht die Wege zwischen den Weinparzellen) rechts und die nächste Straße nach unten auf ein allein stehendes Weingut (Château de la Marquetterie) zu. Gehen Sie vor dessen Gartenmauer nach rechts oben weiter bis zu einem 1 m großen Findling.

Im Prinzip können Sie ab hier auf Sicht navigieren und den markanten, mit einem Satteldach klar erkennbaren Kirchturm von Moussy anpeilen. Der offizielle Weg führt am Findling rechts weiter und auf dem nächsten größeren Feldweg nach links bis zu einer betonierten Straße. Hier geht es kurz nach unten und nach rechts auf Teer nach Moussy hinein. Bei den Häusern gehen Sie links auf der Rue Jean Jaures und Rue de la République nach Süden bis zur Rue de Prieurés am Kreisverkehr.

Moussy

🛏 ✕ ☕ ✝ ⇧ 92 m, ✉ 51530, 760 Ew.

🛏 ✕ **Auberge Champenoise**, 68 Rue des Prieurés, ☏ 03 26 54 03 48, auberge.champenoise@orange.fr, @, Frühstück € 6, Ü FZ € 50, DZ € 61, am Kreisverkehr an der Hauptstraße direkt links

Moussy – Montmort-Lucy 17,6 km

Der Jakobsweg geht am Kreisverkehr mit der Champagnerflasche in der Mitte geradeaus weiter auf der Avenue du Mont Félix Richtung Süden. Hier kommen Sie zum ersten Mal mit der D951 in Berührung. Diese Straße ist die direkte Verbindung zwischen Troyes und Reims und entsprechend stark befahren. Die Nummern der Département-Straßen sagen wahrlich nichts über deren Bedeutung und Frequentierung aus, wie man auch hier sieht.

Vor sich sehen Sie nun die mitten in den Weinbergen liegende Église Saint-Martin de Chavot aus der Nähe. Die Aussicht über die Weinberge von Épernay ist von dort oben ebenfalls bezaubernd. Gehen Sie geradeaus auf den Wald zu und folgen Sie auf Schotter vor den Bäumen rechts dem Weg. Hier erwartet Sie auch noch ein Picknickplatz mit Aussicht.

🚲 Als Radpilger biegen Sie nach der Kirche auf die Teerstraße nach links ab Richtung Chavot und folgen der D210 durch den Ort, weiter nach Monthelon und durch Morangis bis zur D36. Fahren Sie hier links und nach 800 m rechts auf der D40 bis zur D38 am Ortsrand von Chaltrait und rechts nach Westen bis Montmort-Lucy.

Folgen Sie der Straße bis zur nächsten Teerstraße und gehen Sie links an den landwirtschaftlich genutzten Hallen vorbei und am Wasserturm leicht rechts bis zu einem weiteren Picknickplatz mit ebenfalls schicker Aussicht. Nehmen Sie die Schotterstraße nach rechts und bleiben Sie für etwa 1 km oben am Waldrand, auch auf der nach oben kommenden Teerstraße. Wenn sich die nun wieder geschotterte Straße am Ende eines Weinberges nach links hinunterdreht, müssen Sie direkt an den Bäumen in scharfem Winkel nach rechts oben gehen und nach 100 m nach rechts hoch durch den Waldsaum bis zum freien Feld. Hier gehen Sie links und können bis zu den Häusern von Morangis durchgehen.

Die erste Straße nach links ist der Chemin de la Censé, nehmen Sie dann die Rue de la Censé nach rechts bis hinunter zur D210 (Rue de la Meriserie) an der kleinen Verkehrsinsel und dem schattigen Picknickplatz. Gehen Sie links und nach 200 m rechts auf die Rue de la Boulangerie. Nach weiteren 200 m führt etwas überraschend ein Pfad durch Gras an einem kleinen Gehölzstreifen nach rechts oben in den Wald. Eine Markierung ist vorhanden, auch im folgenden Waldstück, wenn auch hauptsächlich nur als gelber Streifen. Nach dem Wald gehen Sie rechts zur D40 und auf ihr wieder rechts für etwa 1 km. Dann macht die Straße einen leichten Bogen nach links. Ihr Weg führt geradeaus weiter auf einer Straße an einer Schranke vorbei und an einem Drahtzaun entlang.

Das kommende Waldstück ist relativ groß – es handelt sich um den Bois d'Argensolle und den Forêt de la Charmoye. Achten Sie auf die etwas spärlichen Markierungen und verfolgen Sie die Beschreibung genau, um sich nicht zu verlaufen.

Der Weg kann auf den nächsten 3 km teilweise mit Gras zugewuchert sein, ist aber nicht zu verfehlen. Am nächsten Abzweig rechts kommen Sie kurz danach an eine Kreuzung im Wald. Gehen Sie geradeaus weiter bis zu einem See zu Ihrer Rechten. Hier müssen Sie links und nicht am See entlang. Jetzt kann es wirklich unangenehm werden, da immer mehr Bewuchs das Vorankommen erschwert.

Gegen Ende dieser nun folgenden 1,3 km werden Sie vielleicht sogar Ihre Stöcke brauchen, um sich einen Pfad durch das Gestrüpp zu bahnen – kein Witz! Achten Sie darauf, sich an den riesigen Brennnesseln und Dornenzweigen nicht zu verletzen oder Ihre Kleidung zu zerreißen.

Ganz plötzlich endet der Dschungel und gibt den Blick auf das Schlösschen und Weingut La Charmoye frei. Gehen Sie auf der D38 nach rechts Richtung Westen, bis nach etwa 1 km am Ende des Waldes rechts eine Straße zu Häusern hochführt. Der ausgeschilderte Weg führt oben links durch die Siedlung und an deren Ende wieder zur D38 herunter und darauf weiter.

Sie können alternativ aber auch auf der D38 durchgehen, wenn der Verkehr nicht zu übermächtig sein sollte.

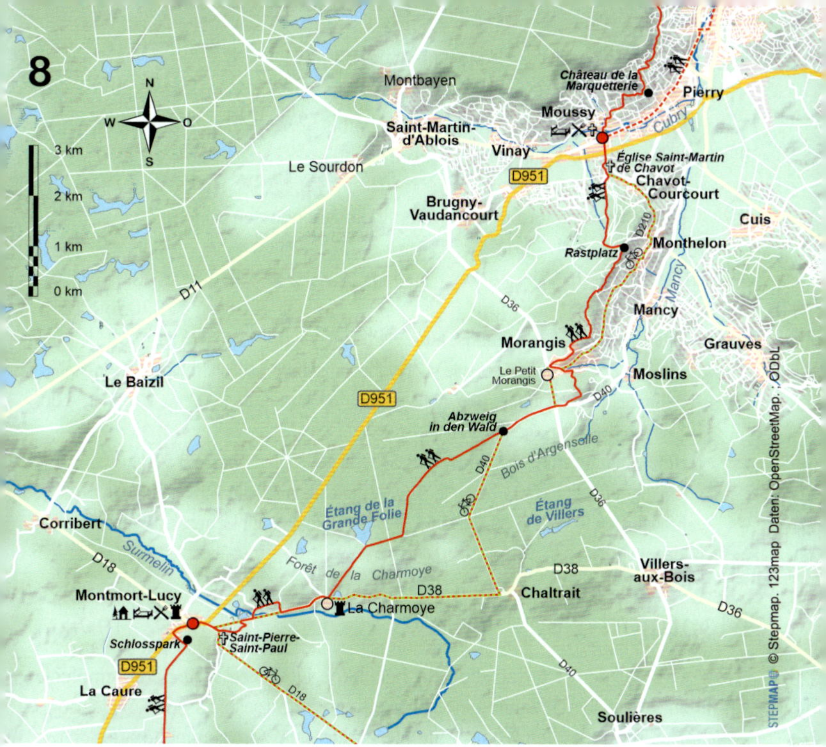

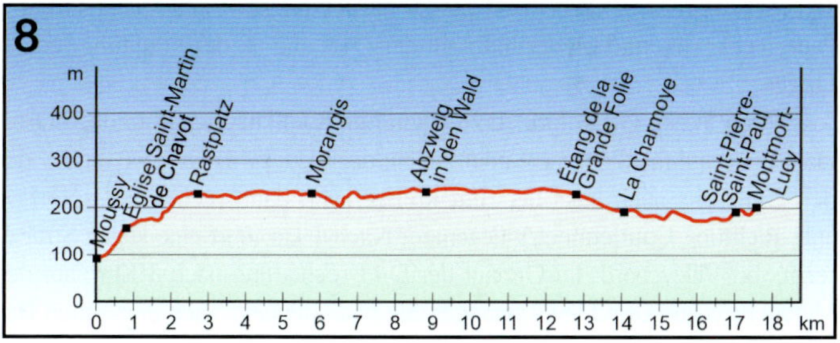

Folgen Sie der nächsten Straße – der Les Roulaux – links im Bogen um die Häuser herum und an einer Art Kreuzung dem Grasweg nach rechts bis zu den Mauern der altehrwürdigen Kirche Saint-Pierre-Saint-Paul. Die Straße an der Mauer entlang und am Kreisverkehr geradeaus bringt Sie geradewegs nach Montmort-Lucy.

Versorgen Sie sich in Montmort-Lucy, bis Sézanne haben Sie außer einem Bäcker in Baye keine Einkaufsmöglichkeit mehr.

Leider bekommen Sie nicht überall ein Abendessen angeboten.

Montmort-Lucy

BANK 201 m, 51270, 600 Ew.

Gîte La Ferme des 4 Étangs, Mme Herbe, nahe Lucy, 03 26 51 43 73, 06 72 97 80 09, ursule_12@yahoo.fr, sehr freundlich, ruhig und angenehm, Bettwäsche auf Anfrage, Abholung an der Mairie ab 17:00, *T* @, HP € 30, 3 km nordwestlich Richtung Lucy

Hôtel Restaurant de la Place, 3 Pl Géneral de Gaulle, 03 26 59 10 38, gerard.thiroux@wanadoo.fr, www.hotel-delaplace-en-champagne.fr, Frühstück € 9, Ü EZ € 39, DZ € 55, Hotel + Restaurant Mi geschlossen, direkt am Hauptplatz

Montmort-Lucy – Baye 10,7 km

Um mit dem Fahrrad die sehr befahrene D951 zu vermeiden, empfehle ich Ihnen ab hier bis Sézanne eine komplett andere Strecke als den Fußweg, und zwar etwas weiter östlich. Fahren Sie hierzu aus dem Ort kommend am Schloss von Montmort-Lucy vorbei und wieder zurück bis zur Kirche Saint-Pierre-Saint-Paul, hier rechts und wieder links auf der D18 und an der Kreuzung rechts nach Étoges.

Fahren Sie im Ort auf der D933 (Grande Rue) knapp 500 m nach Osten zur D343 und auf ihr Richtung Süden hinein nach Congy. Folgen Sie ihr auf der Rue des Vignerons nach links bis zum Kreisverkehr, dann rechts und sofort wieder links Richtung Courjeonnet/Villevenard. Nach 1 km führt eine kleine Straße nach rechts bis Villevenard. Im Ort auf der D43 rechts und nach 300 m auf der Rue Marais de Saint-Gond links gelangen Sie nach Reuves. Nach den ersten Häusern öffnet sich rechts der Blick auf die Felder, hier geht an einer Hinweistafel des Ortes und einem Picknickplatz mit Tischen eine kleine Teerstraße schräg rechts ab. Diese wird geradeaus zur D45 und führt direkt nach Mondement-Montgivroux.

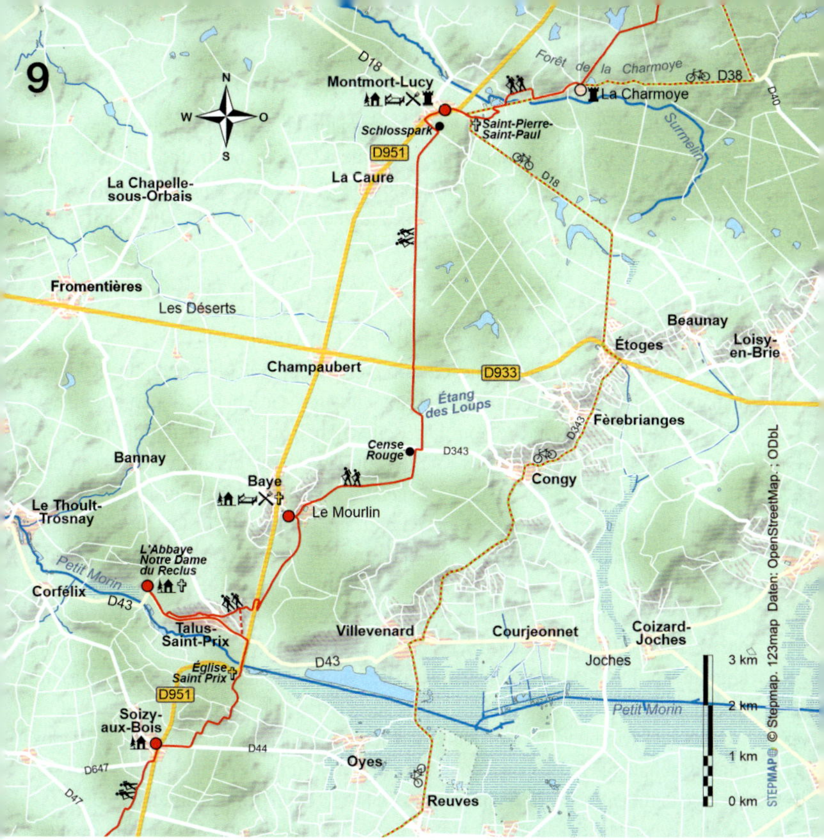

9
Montmort-Lucy
Schlosspark
Forêt de la Charmoye
La Charmoye
D38
D40
D18
Saint-Pierre-Saint-Paul
Surmelin
D951
La Caure
La Chapelle-sous-Orbais
Fromentières
Les Déserts
Champaubert
D933
Beaunay
Étoges
Loisy-en-Brie
Étang des Loups
Fèrebrianges
D343
Cense Rouge
Bannay
Baye
Le Mourlin
Congy
Le Thoult-Trosnay
L'Abbaye Notre Dame du Reclus
Petit Morin
Corfélix
D43
Talus-Saint-Prix
Villevenard
Courjeonnet
Coizard-Joches
Joches
Église Saint Prix
Soizy-aux-Bois
D44
D647
D47
Oyes
Reuves
0 km
1 km
2 km
3 km
STEPMAP © Stepmap, 123map Daten: OpenStreetMap ; ODbL

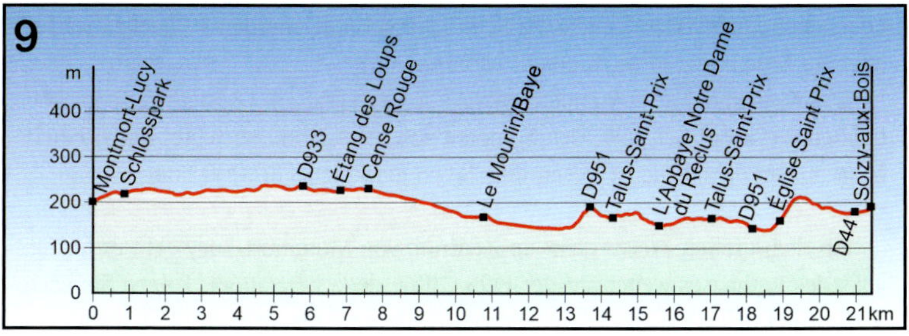

9
m
400
300
200
100
0
Montmort-Lucy
Schlosspark
D933
Étang des Loups
Cense Rouge
Le Mourlin/Baye
D951
Talus-Saint-Prix
L'Abbaye Notre Dame du Reclus
Talus-Saint-Prix
D951
Église Saint Prix
D44
Soizy-aux-Bois
0 1 2 3 4 5 6 7 8 9 10 11 12 13 14 15 16 17 18 19 20 21km

Unübersehbar ragt hier das ☞ Monument de la Première bataille de La Marne 14-18 in den Himmel. Ein Monument, 33 m hoch und errichtet aus 2.000 t Naturstein und Beton, zur Erinnerung an die erste Schlacht an der Marne von 1914 (☞ Erster Weltkrieg, S. 96). Nehmen Sie ab hier die D45 nach Broyes und die D39 weiter bis Sézanne.

Erster Weltkrieg
Monument de la Première bataille de La Marne 14-18

Seit Reims findet man am Wegesrand immer wieder Soldatenfriedhöfe, Kriegerdenkmale und Hinweistafeln zu den grauenhaften Geschehnissen während des Ersten Weltkrieges in der Region. Die deutschen Truppen drängten die französischen Verteidiger zu Beginn des Krieges von Nordosten her immer weiter in das Landesinnere zurück, bis sich 1914 hier an der Marne die deutschen Armeen und die Verteidiger, mittlerweile bestehend aus Franzosen, Briten und Soldaten aus den französischen Überseegebieten, in einem etwa 70 km weiten Bogen gegenüberstanden.

Vom 6. bis zum 11. September kam es zur Ersten Schlacht an der Marne, als die Verteidigertruppen nach 250 km Rückzug anhielten und zum Gegenangriff übergingen. Der Tagesbefehl des französischen Oberbefehlshabers General Joffre vom 6. September 1914 sei hier unkommentiert wiedergegeben:

„In dem Moment, in dem eine Schlacht beginnt, von welcher das Heil des Landes abhängig ist, ist es wichtig, allen in Erinnerung zu rufen, dass der Augenblick gekommen ist, nicht mehr zurückzublicken. Eine Truppe, die keine Vorstossmöglichkeit mehr hat, muss, koste es was es wolle, die eroberte Stellung halten und sich eher vor Ort und Stelle töten lassen als zurückzuweichen. Unter den gegebenen Umständen kann keine Schwäche geduldet werden.“ (Quelle: Schautafel am Monument in Mondement-Montgivroux)

Das Monument de la Première bataille de La Marne 14-18 ist an der entscheidenden Stelle der Schlacht, den Sümpfen von Saint Gond, errichtet und erinnert nicht nur an die alleine in diesen fünf Tagen getöteten 180.000 Franzosen.

Ab dem großen Kreisverkehr im Zentrum von Montmort-Lucy geht es für Sie links des Rathauses weiter auf der D951 (Rue de la Libération). Folgen Sie nach 400 m links der Rue de le Maladrerie. Nach weiteren 400 m führt rechts ein Feldweg vom Schlosspark weg, macht einen Linksknick und verläuft dann schnurgerade Richtung Süden. Der Weg ist wie mit dem Lineal in die Landschaft gezogen. Bleiben Sie für die nächsten 6 km auf dem Weg und queren Sie die D933. Nach dem nächsten Wäldchen führt der Weg kurz links und gleich wieder rechts weiter bis zur D343. Gehen Sie rechts, vor dem ersten Bauernhof links und am Wald wieder rechts. Sie erreichen die Häuser von Le Mourlin, einem Ortsteil von Baye. Halten Sie sich im Ort leicht links und nehmen Sie am ehemaligen Bahnhofsgebäude die Straße rechts hoch bis zu einem scharf nach links abzweigenden Schotterweg.

↳ Wenn Sie in Baye etwas zu erledigen haben, gehen Sie die Straße rechts weiter in den Ort.

Baye

190 m, 51270, 410 Ew.

Foyer de Charité, 4 Grande Rue, ☏ 03 26 52 80 80, Unterbringung im Rahmen eines Altenheimes in altehrwürdigen Gemäuern, Abendessen und Frühstück auf Anfrage, geringer Unkostenbeitrag, Reservierung 48 h vorab, von der Kirche nach Süden, auf der linken Seite der Hauptstraße

Hôtel-Restaurant chez l'Ardennais, 11 Rue de Général de Gaulle, ☏ 03 26 52 80 66, jean-michel.regine.toussaint@orange.fr, Abendessen € 12, Frühstück € 5, € 5, Ü DZ ab € 31, rechts gegenüber der Kirche

Ambience, Mme Lenoir-Collin, 29 Grande Rue, ☏ 03 26 52 13 01, 06 84 34 65 88, isalenoir@orange.fr, + **T** kostenlos, @, Abendessen € 15, ÜF 1 Pers. € 50, 2 Pers. € 60, von der Kirche nach Süden, auf der rechten Seite der Hauptstraße

Baye – Talus-Saint-Prix 4,9 km

Der Jakobsweg führt hier links auf dem Schotterweg bis zu einer kleinen Unterführung auf der rechten Seite und durch diese hindurch. Sie gehen jetzt auf dem alten Bahndamm etwa 2 km bis zur D951. Ihr Weg ginge auf der anderen Seite zwischen den Feldern hoch zu einem Gehölzstreifen. Ein tiefer Graben auf der anderen Straßenseite nötigt Sie aber zu einem Schlenker von 100 m nach rechts bis zur Einfahrt auf den Acker. Oben an der ersten Straße in den Weinbergen ist der Jakobsweg geradeaus beschildert und führt durch Talus-Saint-Prix zu dem ehemaligen Zisterzienserkloster mit Übernachtungsmöglichkeit.

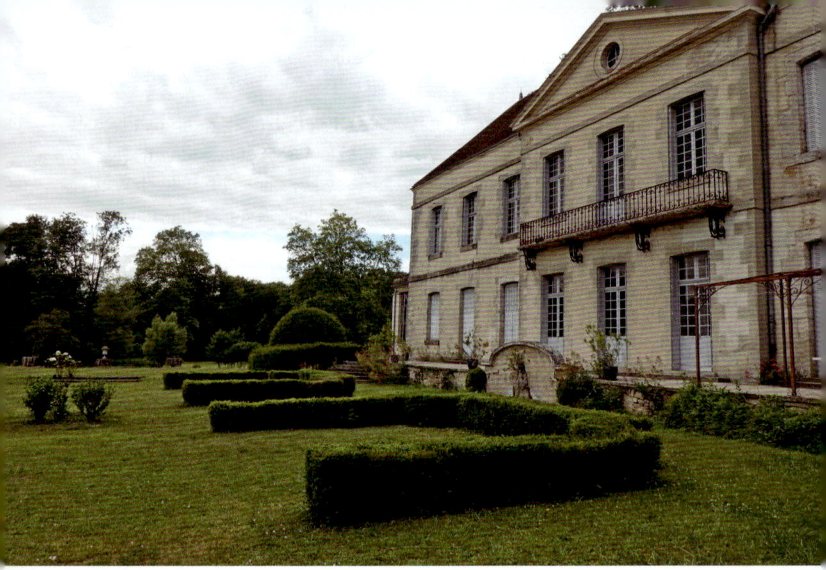

L'Abbaye du Reclus

↳ Wenn Sie dort nicht übernachten möchten, können Sie ab hier auf dem Weg oberhalb der Stützmauer links gehen und gelangen am Ortsrand von Talus-Saint-Prix auf eine Teerstraße, links um ein Gebäude herum zur D43 und auf dieser links auf die D951. Sie sparen sich gut 4 km Weg.

Folgen Sie der Straße durch die Weinberge über den Hügel bis zu den Häusern von Talus-Saint-Prix. Ein kleiner Fußweg führt zwischen den Gärten hindurch, wird zu einer breiteren Schotterstraße und mündet in der Rue de Gué Renard. Folgen Sie ihr rechts hinaus aus dem Ort und am Waldrand nach links auf die D43. Auf der ruhigen Straße nach rechts erreichen Sie bald das ehemalige Kloster mit der Herberge.

Talus-Saint-Prix

⇧ 163 m, 51270, 110 Ew.

L'Abbaye Notre Dame du Reclus, Abbaye du Reclus, ☏ 03 26 42 61 67, didier.poupinel-descambres@orange.fr, www.abbayedureclus.fr, absolut empfehlenswerte, für Pilger fast luxuriöse Unterbringung in den Gemäuern einer alten Zisterzienserabtei, die den Umweg allemal wert ist, ***T*** @, Ü EZ € 25, DZ € 48, 2 km westlich des Ortes gelegen, Sie gehen auf der D43 direkt darauf zu.

Talus-Saint-Prix – Soizy-aux-Bois 5,9 km

Gehen Sie die D43 zurück und folgen Sie ihr durch den Ort bis hinaus zur D951. Jetzt müssen Sie dieser Straße für 600 m nach rechts folgen. Es hilft nichts, es gibt keinen Umweg. Nehmen Sie den linken Straßenrand über den Petit Morin bis zur Église Saint Prix. Die romanische Kirche wurde während der ersten Marne-Schlacht im Ersten Weltkrieg stark beschädigt, wie die Hinweistafeln auch in deutscher Sprache erzählen. Die Turmspitze steht seither deutlich sichtbar schief – auch heute noch.

Église Saint Prix

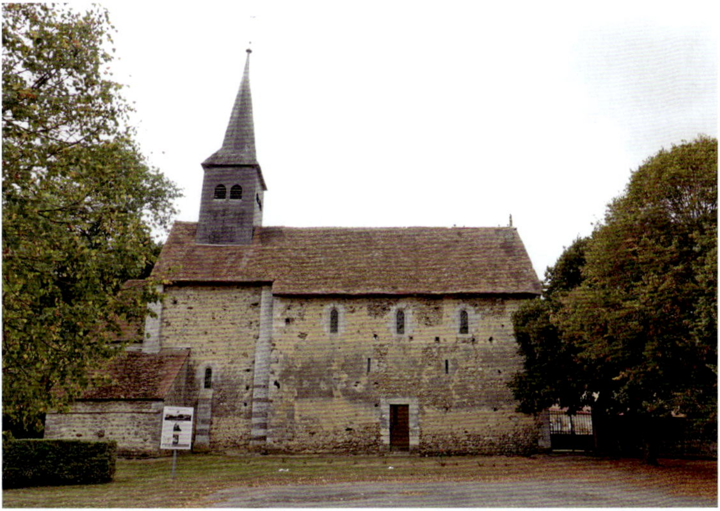

Links der Kirche führt Sie ein Weg den Hügel hinauf. Bleiben Sie oben auf dem Weg zwischen Feld und Wald und folgen Sie dreimal rechts im Zickzack dem Waldrand nach unten, bis Sie die D44 erreicht haben. Gehen Sie rechts. Ein französischer Soldatenfriedhof an der Straße nach Soizy-aux-Bois erinnert ein weiteres Mal an die brutalen Schlachten, die hier zu Anfang des letzten Jahrhunderts stattfanden.

Soizy-aux-Bois

⇧ 187 m, 51120, 180 Ew.

Gîte de l-Homme Blanc, Mme Lambert, 7 Rue du Château, ☏ 03 26 42 68 08, 06 43 86 87 31, eigene Gîte mit Bad und Mikrowelle, T @, Abendessen € 10, ÜF € 40, Anmeldung 72 h vorab, an der D951 200 m nördlich der einzigen Ampel, das letzte Haus links am Ende des Ortes

Soizy-aux-Bois – Sézanne 12,5 km

Wechseln Sie gleich an der Ampel auf die andere Straßenseite der D951 und verlassen Sie den Ort nach links Richtung Süden bis zur D647, der Sie kurz folgen.

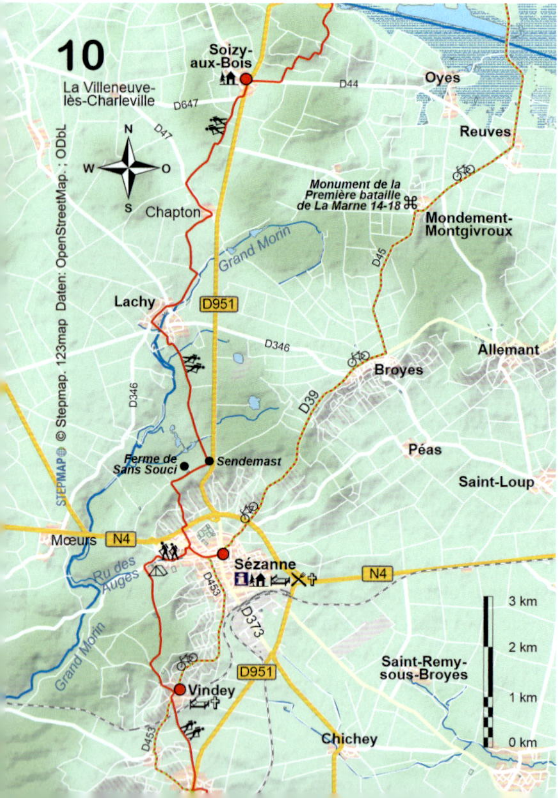

Hier zweigt gleich links ein Feldweg ab. An dessen Ende gehen Sie an einem großen Sendemast kurz rechts und nach dem Gehölz gleich wieder links bis zur D47 und auf dieser links hinein nach Chapton.

Bevor die Straße noch zwischen den Häusern des Weilers einen Rechtsbogen schlägt, führt Sie ein Feldweg vor einer landwirtschaftlichen Halle wieder in die Felder. Halten Sie sich zweimal links und gehen Sie auf der Teerstraße rechts nach Lachy hinein.

An der Kreuzung mit Verkehrsinsel führt die D346 (Rue des

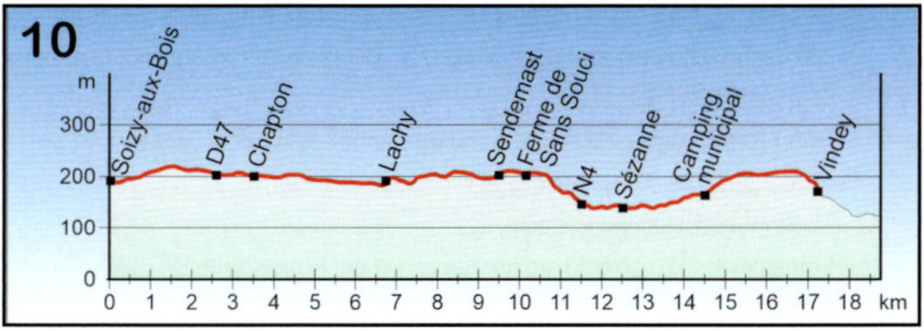

Sources) geradeaus weiter, nehmen Sie nach 400 m links die Rue des Marais und in Verlängerung etwas rechts nach oben die Rue du Château. Gegenüber der Rue du Vieux Château beginnt ein kleiner Hohlweg am ehemaligen Schlossgraben entlang. Das Schloss existiert nicht mehr und wurde durch eine kleine Siedlung von Einfamilienhäusern ersetzt. Gehen Sie am Waldrand 70 m nach links und in den Feldweg nach rechts. Orientierungspunkt ist hier ein großer Sendemast in 2,5 km Entfernung. Sie gehen direkt darauf zu und biegen dort rechts ab. Nach den Mauern eines alten landwirtschaftlichen Anwesens ist ein Pfad nach links in den Wald gekennzeichnet. Im Anschluss daran stehen Sie plötzlich in den Weinbergen von Sézanne und sehen die Stadt malerisch eingebettet vor sich liegen. In den Weinbergen halten Sie sich leicht rechts nach unten bis zu einer Unterführung der N4 etwas rechts von Ihnen. Auf den Rue de Vauchamps, dann links auf der Rue Parisot Dufour und Rue de Paris erreichen Sie bequem das Zentrum von Sézanne mit Kirche, Office du Tourisme und gegenüber einer Bar mit Tischen unter Bäumen für eine verdiente Erfrischung.

Sézanne

BANK 143 m, 51120, 4.830 Ew.

Office de Tourisme, Place de la Republique, ☏ 03 26 80 54 13, contact@sezanne-tourisme.fr, www.sezanne-tourisme.fr, Di-Sa 9:00-12:30 und 14:00-17:30, direkt an der Kirche neben dem Haupteingang

Foyer Francois de Sales, 11 Rue Aristide Briand, ☏ 03 26 81 42 87, www.foyeraviat.fr, von Schwestern geführtes Altenheim, @, HP € 20, ab der Kirche auf der Hauptstraße D373 Richtung Süden, nach 200 m links Rue Montebello, dann rechts

Le Lido, 47 Allée Saint-Brisson, 06 37 12 44 43 oder 06 79 78 98 13, cathy.schumer@wanadoo.fr, @, ÜF DZ € 60, 200 m nördlich der Kirche unterhalb der Stadtmauer

♦ **Hôtel-Restaurant Le Relais Champenois**, 157 Rue Notre-Dame, 03 26 80 58 03, info@relaischampenois.com, www.relaischampenois.com, @, Frühstück € 11, Ü ab € 60, ab der Kirche auf der Hauptstraße D373 Richtung Westen

Camping municipal, Route de Launat, 03 26 80 57 00, campingdesezanne@wanadoo.fr, www.ville-sezanne.fr, *T*, ab € 9, April-September, am südwestlichen Ende von Sézanne direkt am Jakobsweg

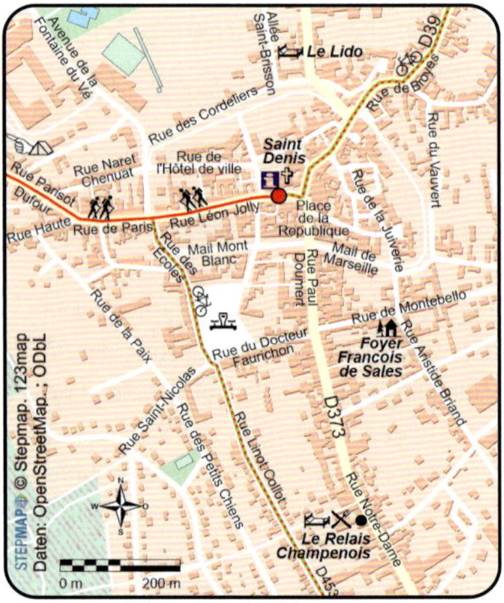

Weg durch Sézanne

Schon in der gallischen Zeit war Sézanne besiedelt und wurde im 10. Jh. mit Burg und Befestigungsanlagen zu einer der wichtigsten Städte in der Champagne ausgebaut. Obwohl ein Brand im frühen 17. Jh. die Stadt weitgehend zerstörte, finden sich bei einem Bummel durch das Zentrum viele alte Bauten, Teile der Befestigungsanlagen und zahlreiche schmale Gassen, die die Neugier wecken. Heute wird auch Sézanne maßgeblich von der Produktion des Champagners geprägt. Dieser Teil des Anbaugebietes wird als Côte de Sézanne bezeichnet und der Champagner steht in puncto Qualität dem aus den nördlicheren Anbaugebieten in keiner Weise nach.

✝ Die von Weitem schon sichtbare Kirche Saint Denis wurde im 16. Jh. erbaut, ist wohl aufgrund der Enge in der Stadt auf drei Seiten in die angrenzende Bebauung integriert und nicht zuletzt wegen der original erhaltenen farbigen Fenster im Obergaden des Hauptschiffes interessant. Auch das Maßwerk der Fenster an der Südseite, also deren steinerne Rahmung und Gliederung, unterscheidet sich von Fenster zu Fenster

Sézanne – Vindey 4,7 km

🚲 Als Radfahrer biegen Sie auf der Rue Léon Jolly ca. 180 m westlich der Kirche nach links in die D453 (Rue des Écoles) Richtung Vindey ab und folgen ihr durch Vindey und Le Plessis bis Saudoy zur D951. Hier bleibt Ihnen leider keine andere Möglichkeit, als auf der gut befahrenen D951 die knapp 3 km bis nach Bayonne-Fayel durchzustehen.

Gehen Sie von der Kathedrale auf der Rue Léon Jolly zurück nach Westen und leicht rechts haltend auf der Rue de Paris weiter bis zum ausgemalten Kreisverkehr. Dort gleich links in der Rue de Calvaire markiert ein Wegkreuz Ihren Abzweig links in die Rue des Maraîchers. Diese wird zur Rue de Moulins und führt Sie nach dem Anstieg am Ende der kleinen Fabrik rechts weiter. Folgen Sie dem Linksbogen der Straße bis zum Campingplatz. Nach dessen Zufahrt bringt Sie ein Feldweg am Zaun des Platzes entlang in den Wald.

☺ Ein Trimmpfad lädt zu weiterer sportlicher Betätigung ein.

Folgen Sie dem Weg entlang der Obstplantage und an deren Knick rechts dem Waldrand. Der kleine Pfad geradeaus in den Wald ist etwas verschlungen, aber markiert. An der T-Kreuzung halten Sie sich links und auf der Straße ebenfalls links bis zum Ende des Waldes. Gegenüber der querenden Straße führt links ein Feldweg in einer Art Graben nach Vindey hinein.

Vindey 🛏 ✝ ⇧ 159 m, ✉ 51120, 120 Ew.

🛏 **Mme Meret**, 10 Rue de la Tuilerie, ☎ 03 26 18 16 64, 📱 06 14 36 50 03, Abendessen + Frühstück gegen Kostenbeteiligung, Spende (ab ca. € 15, je nach Möglichkeit), am nordwestlichen Ortsrand

Vindey – Anglure 18,6 km

In Vindey gehen Sie auf der D453 (Rue de Saudoy) rechts, an der Kirche vorbei und, der D453 folgend, am zweiten Abzweig links. Nach den Häusern macht diese einen Knick nach rechts, Sie gehen aber geradeaus über die Felder bis nach Saudoy hinein und auf der D951 leicht rechts weiter bis zum ✕ Restaurant Leitao.

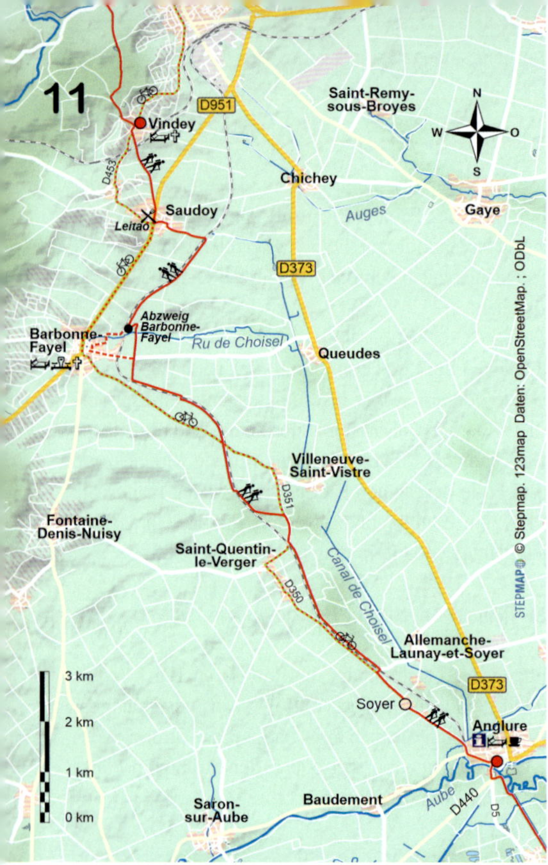

Queren Sie die viel befahrene D951 auf die Rue de la Forestiere. Nach Brunnen, Kirche und Rathaus halten Sie sich kurz rechts und auf der Rue d'Église links. Der Feldweg bringt Sie geradeaus weiter aus dem Ort bis hinaus zu einer stillgelegten Bahnlinie. Dahinter führt ein weiterer Feldweg rechts am Gleis entlang in Sichtweite von Barbonne-Fayel. Eine etwas breitere Schotterstraße quert schräg, die Gleise sind hier zu Ende.

➯ Wenn Sie den Ort sehen möchten, gehen Sie hier rechts bis zur D951 und links zur Kirche.

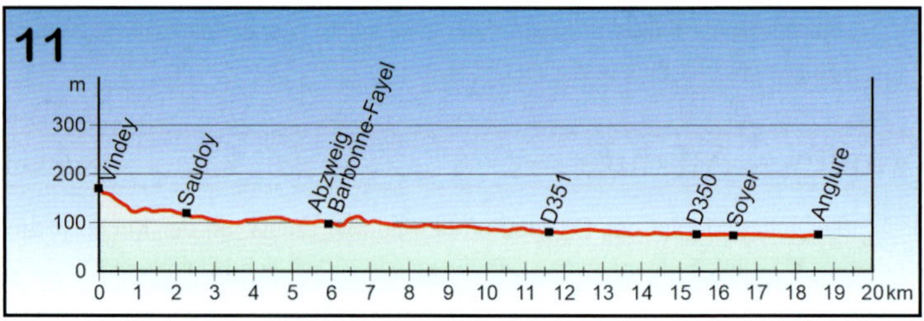

Barbonne-Fayel 112 m, 51120, 500 Ew.

La Bar La Bonne, M. et Mme Verlet, 12 Rue Fontaine Denis, ☏ 03 26 80 13 64, 06 87 32 43 54, labarlabonne@orange.fr, www.labarlabonne.com, @, ÜF 2 Pers. € 82, 4 Pers. € 92, Reservierung 48 h vorab, an der Hauptstraße 200 m südlich der Kirche

Wenn man von dem Ende der Bahnlinie auf den Ort zugeht, liegen links unter alte Bäume geduckt einige Wirtschaftsgebäude aus Naturstein. Davon sind ein paar wenige Mauern die Reste einer Kommandantur des Templerordens (☞ S. 112). Heute ist das Anwesen in Privatbesitz, wurde ergänzt und wird als Bauernhof genutzt. Die Kirche von Barbonne-Fayel bedarf im Innenraum zwar einer dringenden Renovierung und bietet keinen Schmuck, die äußere Erscheinung beeindruckt dafür umso mehr. Wuchtig steht sie weithin sichtbar an der höchsten Stelle des Ortes und wurde ursprünglich ebenfalls von den Templern erbaut.

Das Gold der Champagne

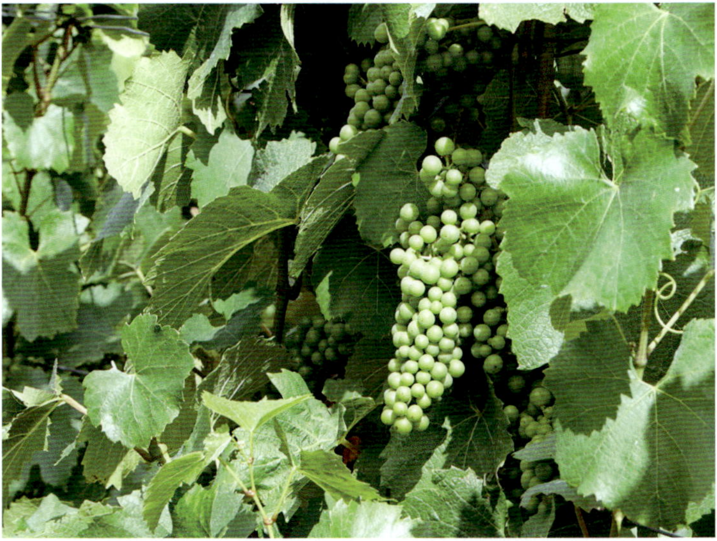

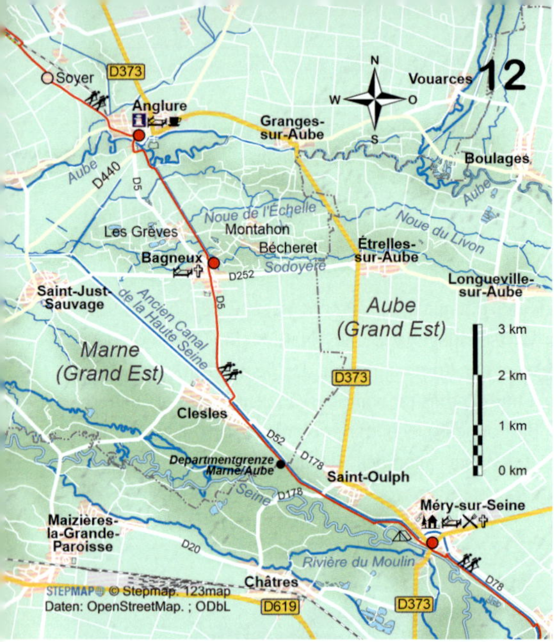

Der Weg weiter zum offiziellen Jakobsweg führt direkt südlich der Kirche über den Place d'Église und in Verlängerung auf der Rue Saint-Pierre und Rue de Queudes aus dem Ort und über die alte Bahnlinie bis zum nächsten kreuzenden Feldweg. Gehen Sie hier rechts und Sie sind wieder auf dem markierten Weg. Der gesamte Abstecher über Barbonne-Fayel ist 1,2 km länger als der Hauptweg.

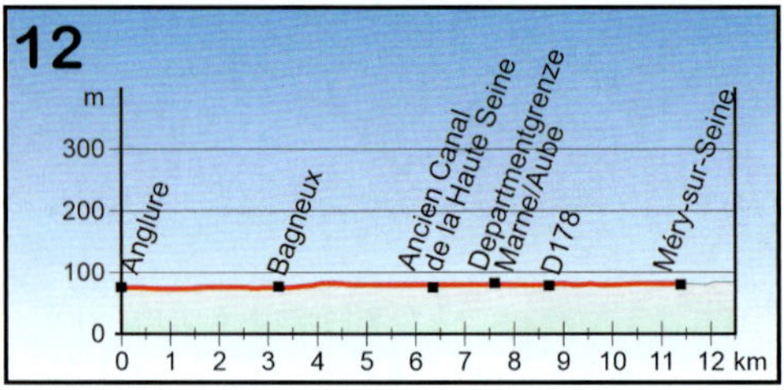

🚲 Folgen Sie dem Abstecher nach Barbonne-Fayel hinein. Fahren Sie an der Kirche weiter und biegen Sie am Place de la Liberté links ab in die Rue Saint-Antoine Richtung Villeneuve-Saint-Vistre. Kurz vor dem Ort geht es für Sie rechts ab nach Saint-Quentin-le-Verger und von dort auf der D350 über Soyer nach Anglure.

Gehen Sie hier links und auf dem nächsten Weg rechts bis zur geteerten Rue de Queudes und geradeaus weiter bis zur hier wieder erhaltenen Bahnlinie, die sich aber noch gut in einem Gehölzstreifen verbirgt. Davor führt links ein Feldweg an den Gleisen entlang, der nach gut 1 km auf die andere Seite wechselt.

Wenn Sie an einem Wäldchen geradeaus nicht mehr weiterkommen, folgen Sie dem Weg links der Bahn am Waldsaum entlang bis zur Teerstraße (D351). Diese bringt Sie nach rechts wieder zu den Gleisen zurück. Folgen Sie wieder dem Weg vor den Gleisen nach links bis zur nächsten Querstraße und dieser wieder nach rechts bis zur D350. Gehen Sie nach links bis zu den paar Häusern von Soyer, hier erwartet Sie eine Verkehrsinsel mit kühlem Trinkwasser und einer Bank für eine Rast unter ein paar Schatten spendenden Bäumen. 2 km weiter haben Sie den Ort Anglure erreicht, den Sie von Westen her betreten. Noch vor der Ortsmitte zweigt die D5/D440 (Rue du Pont) nach Süden ab zur Brücke über die Aube.

Anglure ⇧ 75 m, 51260, 880 Ew.

Bureau d'Information Touristique, 7 Rue de Châlons, ☏ 09 71 25 13 39, angluretourisme@gmail.com, www.sezanne-tourisme.fr, Di-Sa 9:00-12:30 und 14:00-17:30, im Zentrum des Ortes

Mme Finot, 5 Rue du Pont, ☏ 03 26 80 17 47, 06 98 40 32 35, Kostenbeteiligung, noch nördlich der Aube direkt am Weg

Der Ort ist wesentlich durch die Aube und ihren Seitenarmen, die zusammen mit den großen Weiden auf den kleinen Inseln recht pittoreske Fotomotive abgeben, geprägt. Pulsierendes Leben werden Sie hier aber nicht finden.

Anglure – Bagneux 3,2 km

Gehen Sie weiter auf der D5 und D440 nach Süden über die Aube. Nach dem Sportplatz nehmen Sie den Weg links am Zaun des Geländes entlang und folgen ihm nach der Rechtskurve immer am Waldrand entlang bis Bagneux. Nehmen Sie die erste Straße im Ort nach links (Rue du Canal) bis zur Rue de l'Église. Sie sehen links die alte Kirche mit Friedhof hinter einem kleinen Bach liegen, die Szene ist schon einen Blick wert. Der Weg führt in der anderen Richtung zur D5 und auf ihr durch den Ort.

Bagneux ✝ ⇧ 76 m, 51260, 460 Ew.

M. et Mme Benoist, 1 Rue du Canal, ☏ 03 26 80 02 87, 06 70 55 83 53, HP € 37, an Ecke Rue de l'Église, direkt am Weg

Bagneux – Méry-sur-Seine 8,2 km

Die D5 führt schnurgerade Richtung Süden aus dem Ort und über freies Feld bis an den Ancien Canal de la Haute Seine. Nach der Brücke führt Sie der alte Treidelpfad, der heute zum geteerten Radweg ausgebaut ist, links Richtung Südwesten bis hinein nach Méry-sur-Seine. Vor dem Ortskern biegt der Kanal im 90-Grad-Winkel nach links ab. Gehen Sie geradeaus auf der Rue de Grèves und der Rue de L'Hôtel de Ville bis zum Platz mit Bank, Restaurant und Geschäften. Gegenüber erstaunt die Kirche mit einer großen Statue von Johanna von Orleans anstelle eines Kreuzes auf der Kirchturmspitze.

Méry-sur-Seine BANK 82 m, 10170, 1.500 Ew.

Gîte du Canal, 11 Rue de Martyrs, 03 25 21 24 33, giteloisirs@wanadoo.fr, www.giteloisirs.com, @, Ü DZ € 40, auf der Nordseite des Kanalbogens

Le Merry Saigon, 1 Rue du Professor Pinard, 03 25 21 20 39, 06 17 42 36 80, lemerrysaigon@hotmail.com, le-merry-saigon.business.site, Ü ab € 35,50, HP ab € 44,50, Restaurant Mo-So 8:00-14:30, Mo-Mi u. Sa 17:00-23:00, direkt am zentralen Platz

Camping municipal, 23 Rue de Grèves, 03 25 21 81 72 oder über das Gemeindeamt unter 03 25 21 20 42, Zelt kann ausgeliehen werden, ab € 10, April-September, direkt am Weg vor dem Ortszentrum am Kanal

Wochenmarkt Samstagvormittag

Méry-sur-Seine – Troyes 29,4 km

Wenn Sie an der Kirche vorbei die Rue du Colonel Fossoyeux entlanggehen, wird diese zum Chemin des Retranchements. Das Gewässer zu Ihrer Rechten ist an der Stelle nicht mehr der Kanal, sondern die Seine höchstselbst. Sie folgen dem Weg am Ende scharf nach links auf eine kleine Allee und erreichen wieder den Kanal. Gehen Sie hier nach rechts und immer daran entlang.

Die Seine ist in diesem ganzen Landstrich kein gerade verlaufender Fluss, sondern mäandert ausufernd und sich ab und an verzweigend durch eine Auenlandschaft. Diese schließt den Ancien Canal de la Haute Seine mit ein und zieht sich – aus der Luft betrachtet – wie ein breites grünes Band durch die sie umgebende, karg wirkende Zone industrieller Landwirtschaft. Als Pilger bekommen Sie ab jetzt „von außen“ kaum mehr etwas mit. Sie können ab hier auch auf Autopilot schalten, denn der Jakobsweg führt die nächsten 25 km bis Troyes an diesem Kanal entlang.

Es bleibt Ihnen die Wahl, ob Sie die zum Fahrradweg ausgebaute Voie Verte zur Rechten des Kanals auf Teer gehen wollen oder die linke Seite mit einem teils etwas überwucherten Grasweg bevorzugen. Jede Brücke alle paar Kilometer bietet die Möglichkeit zum Wechsel.

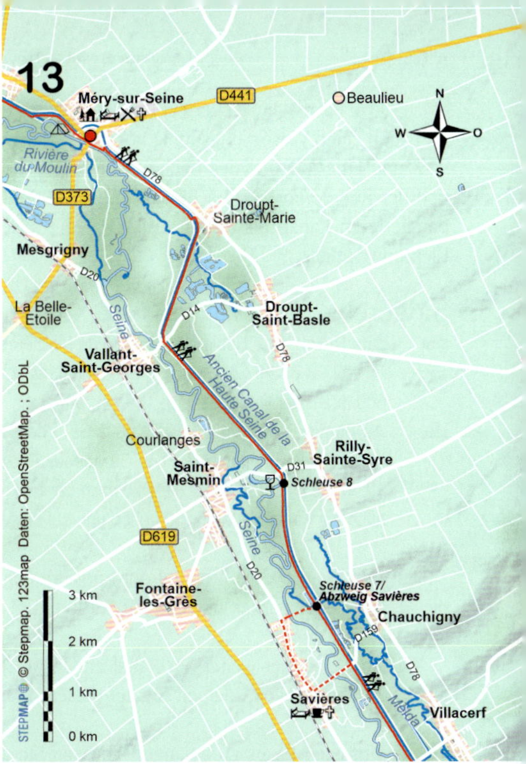

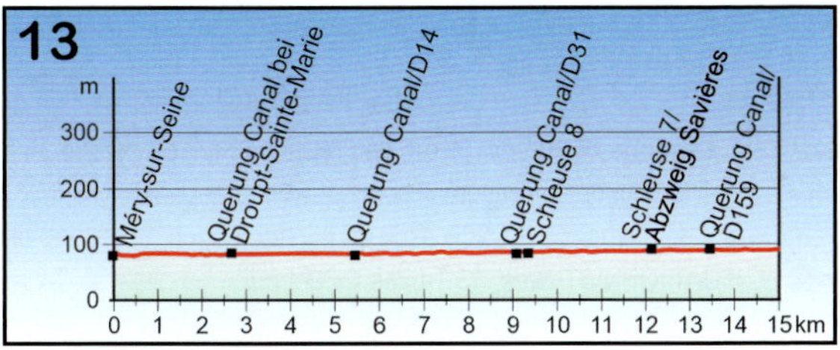

☺ Eine freudige Abwechslung bietet sich an Schleuse 8 nach Querung der D31 auf Höhe von Saint-Mesmin. (Die Schleusen sind jeweils am Zaun klar erkenntlich nummeriert.) Hier gibt es einen Versorgungspunkt in Form einer Bar mit Fassbier und auch warmen Snacks direkt am Weg.

↳ Wie Payns (am Weiterweg) bietet Savières eine Übernachtungsmöglichkeit und auch einen Versorgungspunkt vor Troyes. Gehen Sie hierzu nach der Schleuse 7 und Überquerung des Baches Le Melda gleich rechts auf dem Schotterweg und der Rue de Port Arthur bis zur D20 (Route de Maizières). Die D20 verläuft parallel zum Kanal, bis in den Ortskern von Savières. Halten Sie sich hier links Richtung Süden.

Savières ⇧ 90 m, 10600, 1.000 Ew.

Gîte Rural, Mme Noble, 1108 Route de Maizières, ☎ 03 25 76 31 30, 06 26 86 46 24, Bettwäsche optional, @, HP € 37, auf der D20 nach ca. 500 m auf der linken Seite

Au Panier Saviotain, 23 Place de la Salle de Fêtes, ☎ 03 25 70 83 79, Bäckerei, Lebensmittel, Poststation, Fr u. Sa abends Pizza, Di-Sa 6:45-12:45 und 16:15-19:30, So 6:45-13:00, auf der D20 nach ca. 1,6 km am Kirchplatz rechts, Sie können auch am Kanal bis zur D159 gehen und auf dieser gerade zur Kirche.

Für den Weiterweg führen auf der Südseite der Kirche die Rue de l'Église und die D159 wieder zurück über die Seine und zum Kanal.

Gehen Sie immer weiter am Kanal entlang Richtung Süden. Wenn Sie Payns nicht besuchen wollen, bleiben Sie auf diesem Weg.

↳ Um nach Payns zu gelangen, müssen Sie auf der querenden D165 nach Westen gehen. Nach 1 km treffen Sie auf die D20 und wenden sich nach links in den Ort.

Payns ⌘ ⇧ 98 m, 10600, 1.370 Ew.

La Grange de Payns, 9 Rue des Maisons Brulées, 06 33 34 81 00, grangedepayns@gmail.com, www.grangedepayns.fr, ÜF 1-2 Pers. € 65, auf der D20 bis zur D20B (Rue de la Gare), dann rechts und die zweite Straße links

TCAT, ÖPNV Troyes, 13 Troyes – Zentrum

Payns ist der Geburtsort des geistigen Vaters, Mitbegründers und ersten Großmeisters der Templer, Hugues de Payns. 1998 entdeckte man die Grundmauern der ersten Kommandantur von Payns, die Fläche wird heute aber wieder landwirtschaftlich genutzt. Es gibt jedoch Bestrebungen, die Flächen freizulegen und die Gebäude in den kommenden Jahren zu rekonstruieren.

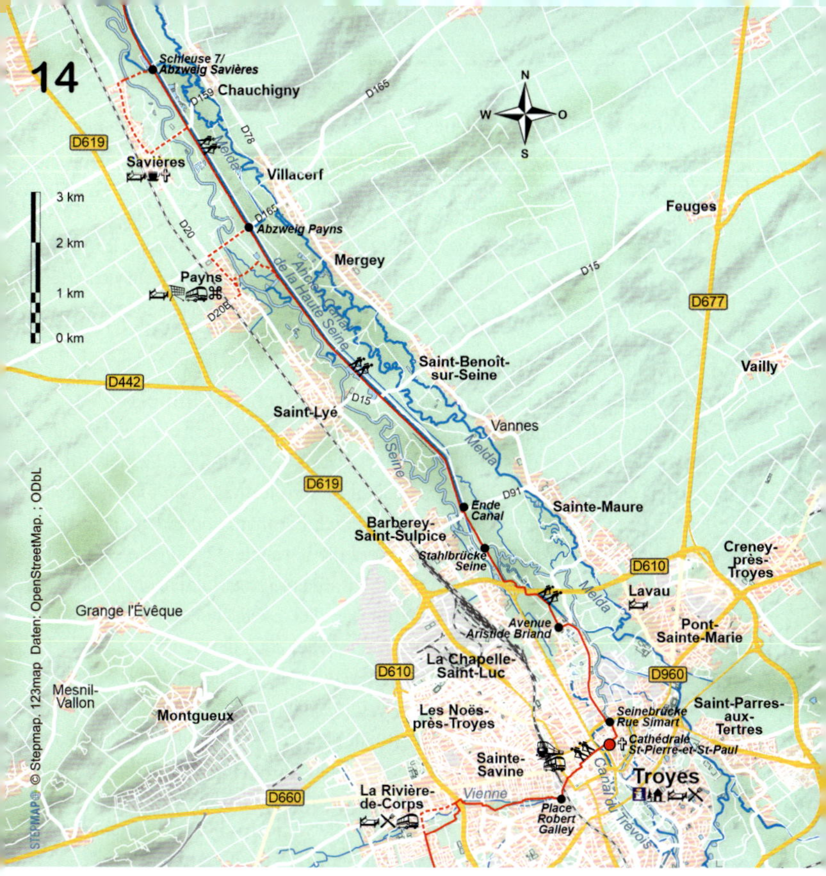
14
Schleuse 7/
Abzweig Savières
Chauchigny
D619
Savières
Villacerf
3 km
2 km
1 km
0 km
Abzweig Payns
Feuges
Mergey
Payns
D15
D677
D442
Saint-Benoît-sur-Seine
Vailly
Saint-Lyé
Vannes
Melda
Seine
Ancien Canal de la Haute Seine
D619
Ende Canal
Sainte-Maure
Barberey-Saint-Sulpice
Stahlbrücke Seine
D610
Creney-près-Troyes
Lavau
Grange l'Évêque
Avenue Aristide Briand
Pont-Sainte-Marie
La Chapelle-Saint-Luc
D610
D960
Mesnil-Vallon
Montgueux
Les Noës-près-Troyes
Seinebrücke Rue Simart
Saint-Parres-aux-Tertres
Cathédrale St-Pierre-et-St-Paul
Sainte-Savine
Troyes
D660
La Rivière-de-Corps
Vienne
Place Robert Galley
Canal du Trévois
STEPMAP © Stepmap. 123map Daten: OpenStreetMap. ; ODbL

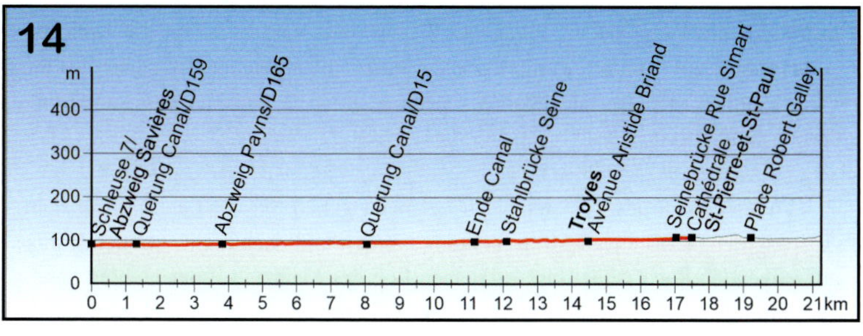
14
m
400
300
200
100
0
Schleuse 7/ Abzweig Savières
Querung Canal/D159
Abzweig Payns/D165
Querung Canal/D15
Ende Canal
Stahlbrücke Seine
Troyes
Avenue Aristide Briand
Seinebrücke Rue Simart
Cathédrale St-Pierre-et-St-Paul
Place Robert Galley
0 1 2 3 4 5 6 7 8 9 10 11 12 13 14 15 16 17 18 19 20 21 km

⌘ **Musée des Templiers Hugues de Payns**. In einem Raum sind Schautafeln und Modelle zu den Templern und der ersten Kommandantur der Templer in Payns aufbereitet und es werden gefundene Münzen gezeigt, ein Film mit nachgestellten Szenen des Templerordens ist zu sehen (F + E).

♦ 10 Voie Riot, 10600 Payns, ☏ 03 25 73 69 21, 💻 www.huguesdepayns.fr, Mi u. Sa 14:00-17:00, So 14:00-18:00, gehen Sie vom Kanal auf der querenden D165 nach Westen bis zur D20 und links bis zur Voie Riot auf der rechten Seite.

Die Templer
Arme Ritterschaft Christi und des salomonischen Tempels

Der Ritterorden der Templer wurde 1120 in Jerusalem mit dem Ziel gegründet, Pilgern auf dem Weg in das Heilige Land Schutz zu bieten und die Gebietserrungenschaften des ersten Kreuzzuges zu halten und zu festigen. Die Ordensregeln wurden 1129 in Troyes mit starker Prägung durch Bernhard von Clairvaux festgeschrieben und im Laufe der weiteren Jahre auf die bekannten 72 Regeln erweitert. Die Ordenstracht war ein weißer Umhang mit einem roten Tatzenkreuz und wie die anderen Ritterorden auch vereinigten sie die asketischen Ideale mit dem ritterlichen: Armut, Keuschheit, Gehorsam und eben auch der Schutz der Bedürftigen. Der Orden hatte großen Zulauf und wurde nicht zuletzt durch Spenden und Schenkungen durchaus reich und aufgrund seiner Verbreitung auch in Frankreich, England, Italien, Spanien und Portugal eine ernst zu nehmende politische Konstante. Die Umstände und Motive, die schließlich zum Verbot des Ordens 1312 durch Papst Klemens V. führten, werden wohl nie zur Gänze aufgeklärt werden. Tatsache ist, dass viele der letzten Templer Frankreichs auf Betreiben von König Philipp IV. verhaftet und teilweise auf Scheiterhaufen verbrannt wurden.

Für Jakobspilger ist generell interessant, dass sich der Orden auch um die Sicherheit der Pilger nach Santiago de Compostela sorgte. So tauchen auf den verschiedenen Wegen Frankreichs und Spaniens immer wieder Anzeichen für ihr Wirken auf, manch heutige Pilgerherberge ist noch in Anlagen mit Templerursprung untergebracht.

Um wieder zurück zum Kanal zu gelangen gehen Sie auf der D20 ab dem Abzweig der D20B etwa 150 m Richtung Norden und dann rechts auf der schräg abzweigenden Rue Coquet bis zur kleinen Rue des Maupas auf der rechten Seite. Diese bringt Sie über die Seine und an dem T-Stück nach rechts zurück zum Kanal.

Es geht für Sie entlang des Kanals weiter, bis dieser mit einem größeren Becken an der D91 (Route de Saint-Maure) endet. Halten Sie sich hier etwas links versetzt geradeaus auf der geteerten Fortsetzung der Voie Verte. Nach 900 m erreichen Sie eine interessante Stahlbrücke über die Seine, die Fotos auf der Schautafel hierzu sind sehenswert und informativ. Die Brücke wurde 1846 fertiggestellt und war die erste Stahlbrücke in Frankreich überhaupt. Nach aufwendiger Restaurierung ist sie erst seit ein paar Jahren wieder begehbar.

Folgen Sie nach weiteren 800 m dem Weg nach links und unterqueren Sie dann die Schnellstraße D610. Das Ende der Voie Verte wird zum Chemin de l'Hospice und bringt Sie zu den ersten Häusern von Troyes. An deren Ende gehen Sie auf der Avenue Aristide Briand nach links und folgen ihr am Kreisverkehr nach rechts weiter in die Stadt. Hier wird sie zur Rue Étienne Pedron. An deren Ende haben Sie den inneren Ring um die Altstadt erreicht. Von der mehrspurigen Straße geht 100 m weiter links die Rue Simart über eine kleine Brücke weiter in die Stadt. Auf der vierten Querstraße, der Rue de la Cité, nach rechts erreichen Sie die Kathedrale von Troyes. Das weltliche Zentrum der Stadt befindet sich weiter geradeaus.

Troyes

BANK

⇧ 106 m, 10000, 60.500 Ew.

Troyes La Champagne Maison du Tourisme, 16 Rue Aristide Briand, ☏ 03 25 82 62 70, contact@troyeslachampagne.com, www.troyeslachampagne.com, Mai-Oktober Mo-Sa 9:30-18:30, November-April Mo-Sa 9:30-12:00 und 14:00-18:00, ganzjährig So 10:00-13:00 und 14:00-18:00, neben dem Rathaus am zentralen Platz, ☺ holen Sie sich im Maison du Tourisme einen kleinen Guide im Hosentaschenformat, der Sie entlang der überall im Pflaster der Gehwege eingelassenen Plaketten bei einem schönen Spaziergang zu allen Sehenswürdigkeiten der Stadt bringt.

Maison Notre-Dame en l'Isle, 10 Rue de l'Isle, ☏ 03 25 71 68 00, accueil.ndi@cathotroyes.fr oder maison@ndi.cathotroyes.fr, ***T*** nach Verfügbarkeit, Ü EZ € 21, DZ € 34, jeweils mit Dusche, ganzjährig Mo-Fr 8:45-12:00 und 13:45-17:30, Reservierung zwingend. Für Wochenenden und Feiertage vorab reservieren, da die Rezeption nicht besetzt ist, östlich der Kathedrale der Rue Simart, Rue du Bon Pasteur und leicht versetzt der Rue de Jaillard nach Süden folgen bis zur Rue de l'Isle auf der linken Seite

ADPS Yschools, 18 Avenue des Lombards, ☏ 03 25 71 39 29, hebergement@yschools.fr, www.yschools.fr, Einzelzimmer in gemeinschaftlichen Pavillons in einem kleinen Park, keine Bettwäsche, ***T***, @, Ü € 21, Ankunft Mo-Fr vor 18:00, Reservierung zwingend, Wochenende und Feiertage geschlossen, aber Abreise möglich, ca. 3 km südlich des Stadtzentrums, Bus Linien 6, 11, 21, 34, Halt „Masson", zu Fuß: am Kreisverkehr zu Beginn des Voie Verte des Viennes (☞ Etappe Troyes – Sommeval) auf der Rue Jules Didier und in Verlängerung auf der Rue Adolphe Thiers nach Süd-West, dann auf der Rue Charles Moret links nach Süd-Ost auf die Avenue des Lombards

M. et Mme Larue, 7 Grande Rue, 10150 Lavau, 06 14 89 40 41 oder 06 52 70 89 54, Privatunterkunft mit eigenem Bad, Abholung 17:00 an der Kathedrale, Bringservice am nächsten Morgen, € 2, ***T*** € 2, @, HP € 30, 2,5 km nordöstlich des Stadtzentrums von Troyes

♦ **Brit Hotel Les Comtes de Champagne**, 54-56 Rue de la Monnaie, ☏ 33 25 73 11 70, troyes@brithotel.fr, hotel-troyes.brithotel.fr, untergebracht in Gebäuden aus dem 16. Jh., @, Frühstück € 10, Ü DZ 1 Pers. oder 2 Pers. ab € 65, am Office du Tourisme links vorbei der Rue Champeaux für ca. 350 m folgen

Wochenmarkt täglich vormittags

SNCF, regionale Verbindungen u. a. nach Paris

TCAT, ÖPNV Troyes

⊙ Pilgerstempel in der Kathedrale Saint Pierre Saint Paul, Mo-Sa 9:30-12:30 und 14:00-17:00, So 14:00-17:00

✝ Cathédrale St-Pierre-et-St-Paul

Die Geschichte der Kathedrale ist lang und bewegt, die Bauzeit erstreckte sich von der Gründung im 12. Jh. bis zur Fertigstellung im 17. Jh. Die verschiedenen Bauphasen lassen sich am Gebäude sehr gut ablesen und geben einen schönen Überblick über die Entwicklung der Baukunst der Region. Grob gesagt wurde im Osten mit den Chorkapellen der Apsis begonnen und sich bis zum Westportal vorgearbeitet. Kriegswirren, Blitz und Sturm, Epidemien und Hungersnöte führten zu den zahlreichen Unterbrechungen. Im Zuge der Revolution im 17. Jh. wurden alle Fassadenskulpturen zerstört, die Fassaden und vor allem die Westfront wirken seither ein wenig nackt und seltsam. Verstärkt wird der Eindruck noch durch den Turm in klassizistischem Stil, der so gar nicht zur Hochgotik der unteren Frontpartien passen mag.

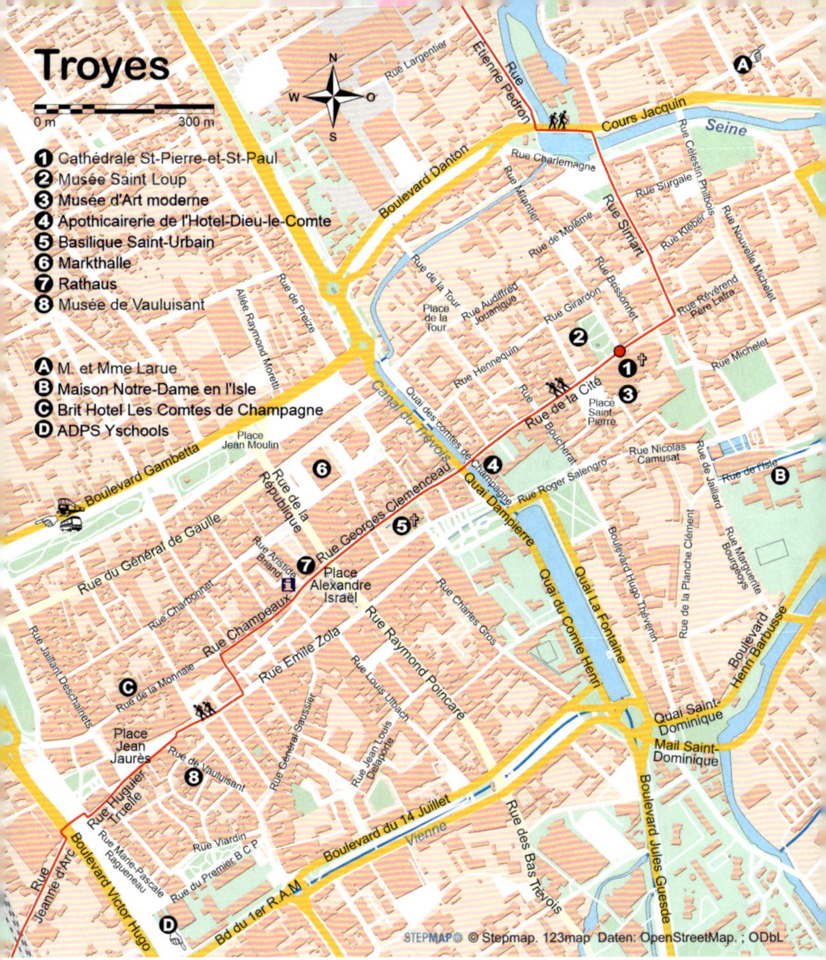

Das Innere der fünfschiffigen Kathedrale vermag dagegen eher zu überzeugen. Typisch für die Hochgotik ist die Weiterführung jeder einzelnen Kreuzrippe aus dem Gewölbe mit einem Dienst nach unten bis zum Fundament. Der Blick wird dadurch nach oben gezogen und die gewaltigen Abmessungen des Inneren in voller Höhe und Länge erlebbar. Das feine Maßwerk der Fenster, vor allem an den Rosetten der beiden Querhauswände, und die herrliche bunte Verglasung verleihen an Tagen mit Sonnenschein dem Kircheninneren eine zauberhafte Atmosphäre.

♰ **Basilique Saint-Urbain**

Die Kirche wurde von Papst Urban IV, einem Sohn der Stadt Troyes, 1261 begonnen und ist ein Musterbeispiel gotischer Kirchenbaukunst. Im Vergleich zur benachbarten Kathedrale klein, aber fein und unbedingt wert, besichtigt zu werden. 1935 wurden die Gebeine von Papst Urban IV in seine Heimatstadt und Kirche geholt, die in diesem Zuge kirchenrechtlich auch in den Status einer Basilika erhoben wurde.

⌘ **Musée d'Art moderne**, Gemälde, Bildhauerei, Zeichnungen, Glasarbeiten und Keramik von 1850 bis 1960

♦ 14 Place Saint-Pierre

⌘ **Musée des Beaux-Arts** et d'Archeologie, Muséum d'Histoire naturelle, (Musée Saint-Loup), archäologische Funde aus der Champagne, französische und europäische Malerei aus allen Jahrhunderten bis in die Moderne, naturkundliche Sammlung aus dem 18. Jh., Rue de la Cité

⌘ **Musée d'art champenois du 16e siecle**, Musée de la Bonneterie, (Musée de Vauluisant), Malerei, Bildhauerei und Glasfenster aus dem 16. Jh., der Blütezeit von Troyes in der Renaissance

♦ 4 Rue de Vauluisant

⌘ **Apothicairerie de l'Hotel-Dieu-le-Comte**, im 18. Jh. rekonstruierte Apotheken- und Arzneimittelsammlungen aus den Krankenhäusern von Troyes seit dem 12. Jh.

♦ 31 Quai des comtes de Champagne

☺ Auf einer gemeinsamen Homepage der sechs Museen finden Sie jegliche Information zu den verschiedenen Dauer- und Wechselausstellungen sowie den aktuellen Öffnungszeiten, 💻 www.musees-troyes.com.

Eines unter Pilgern vorweg: Troyes sei für einen Pausentag wärmstens empfohlen. In Deutschland ist die Stadt weitgehend unbekannt, aber völlig zu Unrecht. Die Straßen sind voller Leben, doch nicht übertrieben, die bunten Fachwerkhäuser und nicht weniger als zehn Kirchen prägen die Altstadt. Deren Umriss folgt der Form eines Champagnerkorkens, im Osten in weitem Bogen umflossen von der Seine, an den anderen Seiten heute von breiten Boulevards gesäumt, die der Linie der alten Stadtmauern folgen. Diese wurden im 18. und 19. Jh. vollständig abgerissen, von ihnen ist leider nichts mehr zu sehen.

Die Renaissance des 16. Jh. war für Troyes das goldene Zeitalter und prägend für das heutige Erscheinungsbild. Aus Angst vor Zerstörung durch Feuer wurden die Fassaden der eng stehenden Häuser oftmals verputzt und erst in jüngerer Zeit wurde das Fachwerk mehr und mehr wieder freigelegt. Der farbenfrohe Anstrich vieler Fachwerkhäuser trägt maßgeblich zum so freundlichen Charakter der Stadt bei. In den Seitenstraßen laden viele Restaurants und Cafés zum Verweilen ein und beleben die kleinen Plätze und Gassen. Die Markthalle etwas nördlich des Rathauses bietet beste Gelegenheit, sich mit regionalen Produkten zu versorgen. Meist wird das Angebot von vielen Ständen in den umliegenden Straßen noch erweitert.

Troyes war im Laufe der Geschichte Schauplatz bedeutender Ereignisse und wichtiges geistliches und weltliches Zentrum der Champagne. Der Militärorden der Templer bekam hier in der Kathedrale 1129 im Rahmen des Konzils von Troyes seine Ordensregeln, Johanna von Orleans zog durch, es wurde Krieg begonnen und Frieden geschlossen – die Liste lässt sich lange fortsetzen.

Fachwerk in Troyes

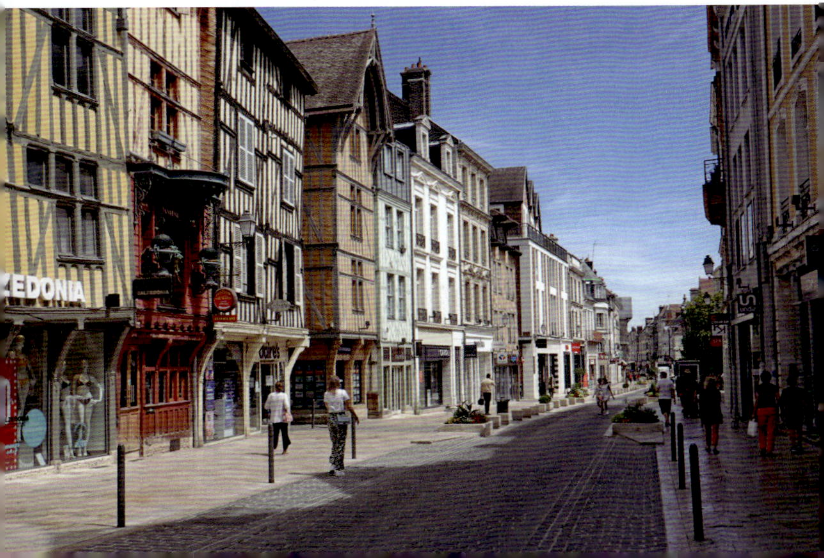

Troyes –Sommeval 23,3 km

Gehen Sie von der Kathedrale die Rue de la Cité nach Südwesten, über den Canal du Trévois und weiter entlang der Rue Georges Clemenceau in das weltliche Zentrum der Stadt zum Place Alexandre Israël mit dem Rathaus und zahlreichen Cafés. Am Maison du Tourisme vorbei nehmen Sie die Rue Champeaux mit ihren schmucken Fachwerkhäusern und die dritte Querstraße, die Rue des Quinze Vingts, links bis zur Rue Emile Zola. Folgen Sie ihr rechts bis zum Place Jean Jaurès. Am linken Platzrand entlang und weiter auf der Rue Huguier Truelle erreichen Sie mit dem Boulevard Victor Hugo das westliche Ende des „Champagnerkorkens".

Gehen Sie gegenüber auf der kleinen Rue Jeanne d'Arc unter der Bahntrasse hindurch und halten Sie sich am ersten kleinen Kreisel leicht links weiter bis zum großen Kreisel, dem Place Robert Galley. Rechtsherum beginnt noch vor der großen Avenue du Président Wilson der gesandete Weg, der Voie Verte des Viennes, der Sie in parkähnlich angelegtem Gelände entlang eines Bachlaufes angenehm aus der Stadt bringt. Folgen Sie ihm ca. 2 km bis zur Unterführung der mehrspurigen D610.

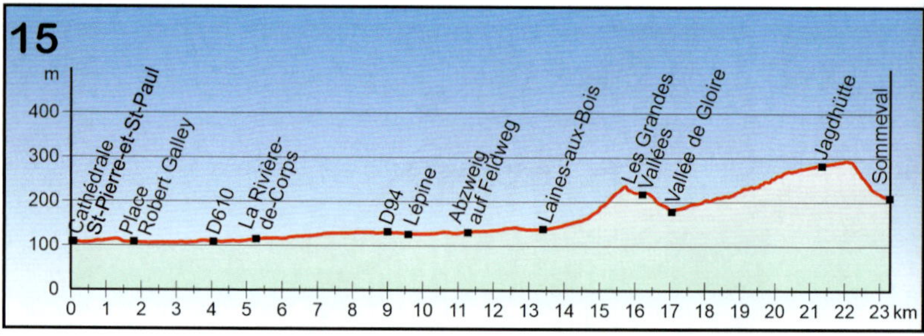

☺ ➯ Apotheke und Supermarkt des Ortes La Rivière-de-Corps liegen auf der Rue Jean Jaurès geradeaus, anderer Kommerz auf der Avenue Général Leclerc, nördlich parallel dazu. Sie müssen vom Supermarkt aus nicht zurück gehen, die Allée Forestiere links wird zum Chemin des Granges und Sie sind wieder auf dem beschilderten Jakobsweg.

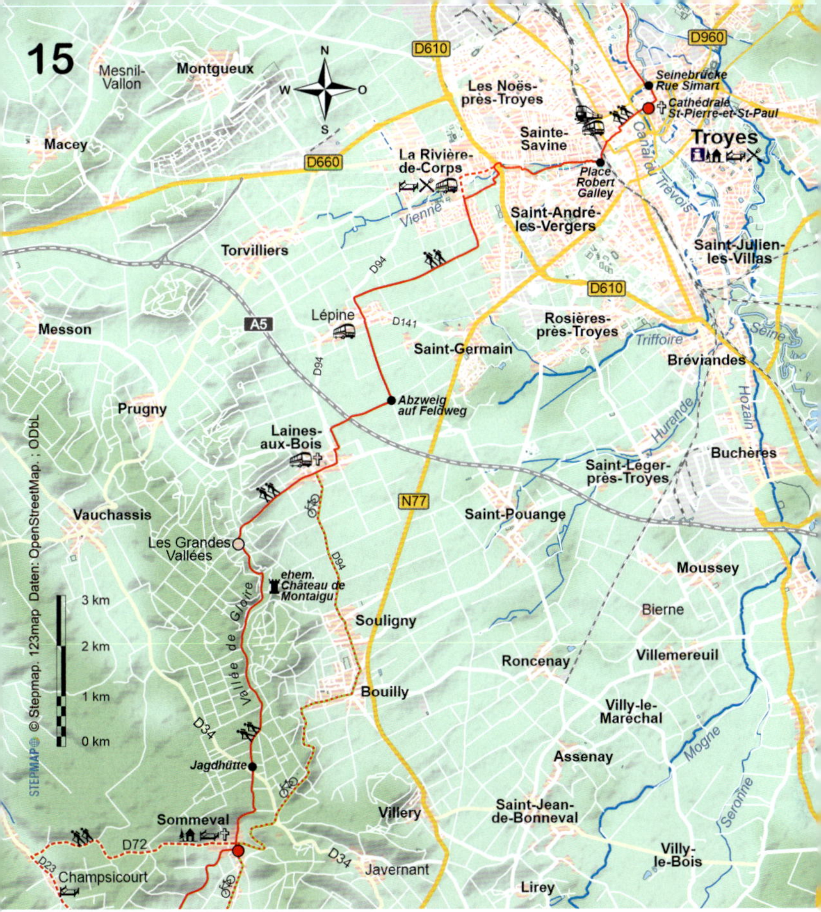

La Rivière-de-Corps

⇧ 110 m, 10440, 3.400 Ew.

- **Hotel Mister Bed**, 6 Rue Robert Schuman, ☏ 03 25 71 99 75, www.misterbed.fr, 2- bis 4-Bett-Zimmer, einfache Hotelkette, Buchung per Internet, @, Ü DZ ab € 37, 1,5 km nordwestlich des Zentrums, gehen Sie an der Apotheke die Rue Pasteur nach Norden zur Avenue Général Leclerc und auf dieser nach Westen bis zu Rue Robert Schuman
- TCAT, ÖPNV, 1 Troyes – Zentrum

Nach der Unterführung der D610 setzt sich die Voie Verte des Viennes gleich wieder links leicht gezackt fort und wird zum Chemin de Maraye. Am Kreisverkehr nach links führt Sie der Chemin des Granges auf freies Feld – hier lassen Sie Troyes endgültig hinter sich und können auf freiem Feld wieder durchatmen. Gehen Sie am Ende des Weges an der T-Kreuzung nach rechts bis zur D94 und links in den Ort Lépine.

Hügelland südwestlich von Troyes

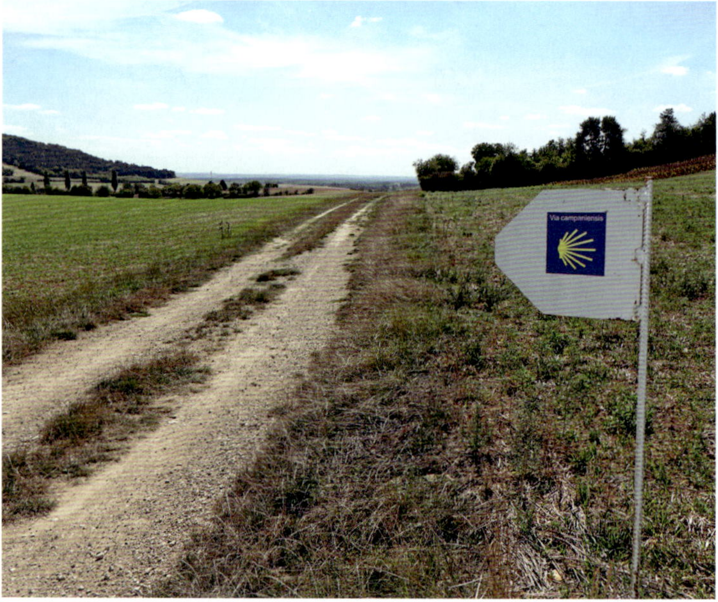

Lépine

⇧ 124 m, 10120

TCAT, ÖPNV Troyes, 5a Troyes – Zentrum

Folgen Sie gegenüber der Hauptstraße dem Feldweg Voie Romaine für ca. 1,7 km, aber mit Bedacht – wie der Name schon sagt, liegt unter Ihnen eine alte Römerstraße.

Achten Sie auf die Lage der Strommasten am Weg. An einer Kreuzung wechseln diese von der linken auf die rechte Wegseite. Hier müssen Sie rechts, es gibt keinerlei Markierung an der Stelle. Gehen Sie auf der Autobahnbrücke über die A5, nach 400 m links auf die Häuser zu, am Ende rechts und auf der D94 (Rue du Monceau) links in den Ort Laines-aux-Bois.

Laines-aux-Bois

✝ ⇧ 139 m, 10120, 520 Ew.

TCAT, ÖPNV Troyes, 5a Troyes – Zentrum

Radfahrer nehmen in Laines-aux-Bois die D94 nach Süden bis Bouilly und die D72 nach Westen bis Sommeval.

An der Kirche mit einem erhaltenen Rest gotisches Maßwerkes halten Sie sich auf der Grande Rue rechts und verlassen den Ort. Auf dem nächsten Hügel befindet sich ein Kriegerdenkmal, folgen Sie hier geradeaus der Straße und Jakobswegmarkierung bergab. Sie durschreiten den lieblichen Weiler Les Grandes Vallées und gehen den Schotterweg rechts nach unten gemäß der Markierung.

Der erste Abzweig auf der Wiese nach scharf rechts führt Sie wieder gen Süden. Die rot-weiße Markierung des GR2 erkennen Sie erst hinten an den Bäumen, die blau-gelbe Jakobswegmarkierung ist auf dem Abschnitt bis Sommeval nicht vorhanden.

Links oben auf dem bewaldeten Hügel stand einst das **Château de Montaigu**, erstmals erwähnt 1251. Auf Geheiß von König Charles IV. wurde die Festung jedoch abgetragen und die Ziegel für Reparaturen in Paris verwendet.

Hiermit betreten Sie das Vallée de Gloire, ein naturbelassenes Stück Wald mit einem gewundenen Pfad, teilweise über Stock und Stein. Bei Nässe kann es hier gut matschig werden. Aber immer ist es ein Wegabschnitt mit einer ganz eigenen Stimmung, man fühlt sich wie in eine andere Zeit versetzt. Nach ca. 4 km steht an der kreuzenden D34 eine Jagdhütte mit einem offenen Unterstand. Der Weg weiter auf der anderen Straßenseite macht nach ca. 700 m einen Schlenker nach links, um ein paar Meter danach scharf rechts oberhalb eines Grabens zu Ihrer Rechten nach Sommeval zu führen. Die Markierung des GR ist hier etwas dürftig, aber vorhanden.

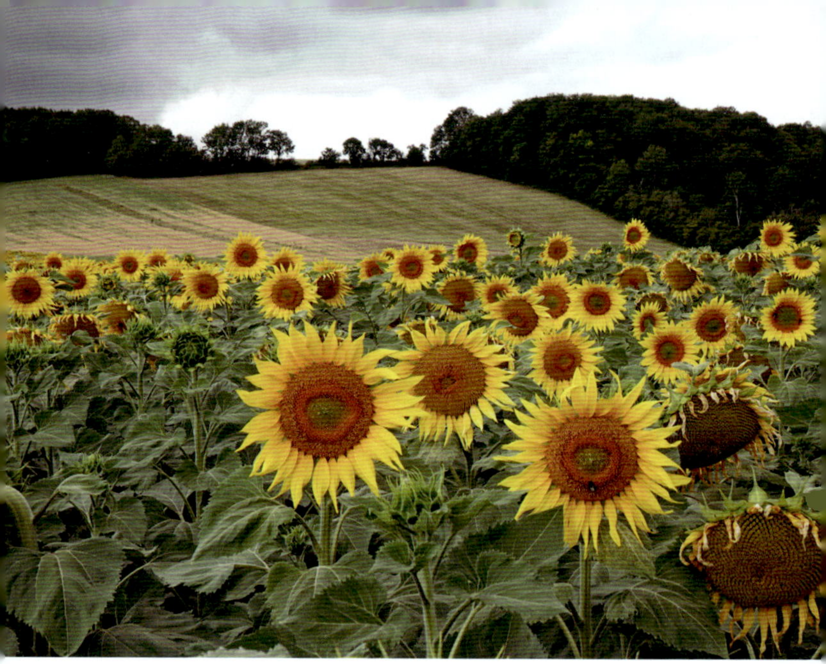

Sonnenblumen in den Hügeln des Othe

Sommeval

211 m, 10320, 320 Ew.

Gîte municipal, Rue de l'Église, ☏ 03 25 40 39 00 (Gemeindeamt; Anruf zur Sicherheit empfohlen, Gîte normal bis 17:00 offen), sehr einfache Unterkunft **ohne** Betten/Matratzen/Decken, ein Raum mit großem Steintisch und zwei breiten Holzbänken zum Schlafen, WC, warme Dusche, , Ü gegen Spende, am Ortsanfang das zweite Haus links

♦ **Gîte La Charbonniere**, M. et Mme Bertolo, 405 Rue de l'Église, ☏ 03 25 40 25 43 (ab 20:00), @ , ÜF € 41,20, März-Mitte November, Reservierung 48 h vorab, am Ortsanfang auf der rechten Seite

Variante von Sommeval nach Forêt Chenu zur Übernachtung in Champsicourt 7,6 km

Hier haben Sie die Möglichkeit, über eine Wegvariante in Champsicourt zu übernachten. Die Unterkunft erreichen Sie nach 5 km, der Weg wird dadurch um 3,2 km länger.

☺ Sie können auch auf dem Jakobsweg weiter bis Forêt-Chenu wandern und sich dort von den Betreibern der Unterkunft in Champsicourt abholen lassen.

Gehen Sie in Sommeval am einzigen Kreisverkehr des Ortes auf der D72 nach Westen Richtung Maraye en Othe. Nach etwa 4 km wenden Sie sich auf der D23 links nach Süden und erreichen nach 500 m Champsicourt und die Unterkunft Les Furets im ersten Haus auf der linken Seite.

Champsicourt

⇧ 220 m, 10160

Les Furets, Mme Périn, 16 Route de Vaucorbat, 10160 Maraye en Othe, Ortsteil Champsicourt, ☏ 03 25 76 72 51, 06 48 88 24 78, contact@lesfurets.fr, www.lesfurets.fr, von Forêt-Chenu, @, Abendessen und Frühstück mit Produkten vom eigenen Hof in exzellenter Zubereitung, HP € 50

Am nächsten Morgen folgen Sie der D23 nach Süden geradewegs bis Forêt-Chenu.

Sommeval – Eaux-Puiseaux 9,2 km

Fahren Sie ab dem Kreisverkehr in Sommeval auf der D89 nach Süden, überqueren Sie die D23 und bleiben Sie an der N77 auf der Schotterstraße parallel dazu bis Auxon. Am Südrand des Ortes kommen Sie über die D90 durch Sivrey und über die D1 rechts nach Le Mesnil Saint-Georges. Eaux-Puiseaux wäre ab Auxon über einen Abstecher nach Nordenwesten noch zu erreichen.

Am Rathaus gehen Sie rechts auf die Rue de Pressoir und folgen deren leichtem Linksknick, Teer wechselt am Ortsrand zu Schotter. Nach leichtem Anstieg weist ein Jakobswegzeichen nach links. Sie folgen dem Weg etwa 800 m, halten sich am Y-Abzweig links, queren den kreuzenden Fahrweg und bleiben geradeaus auf dem etwas schlechteren, bis Sie den Waldrand erreichen. Hier an der T-Kreuzung links und nach 100 m gleich wieder rechts führt Sie ein Grasweg am Waldrand entlang. 40 m nach dem Linksknick bringt Sie rechts ein schmaler Hohlweg durch das Gehölz etwas anstrengend nach oben auf einen breiteren Damm. Der GR2 zweigt hier links ab, Sie gehen rechts bis Forêt Chenu und geradeaus durch die Häuser bis zur D23 mit großer dreieckiger Verkehrsinsel und einem Schulbushäuschen.

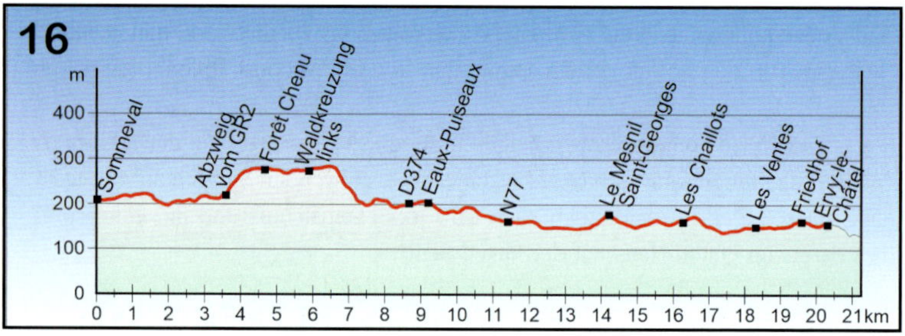

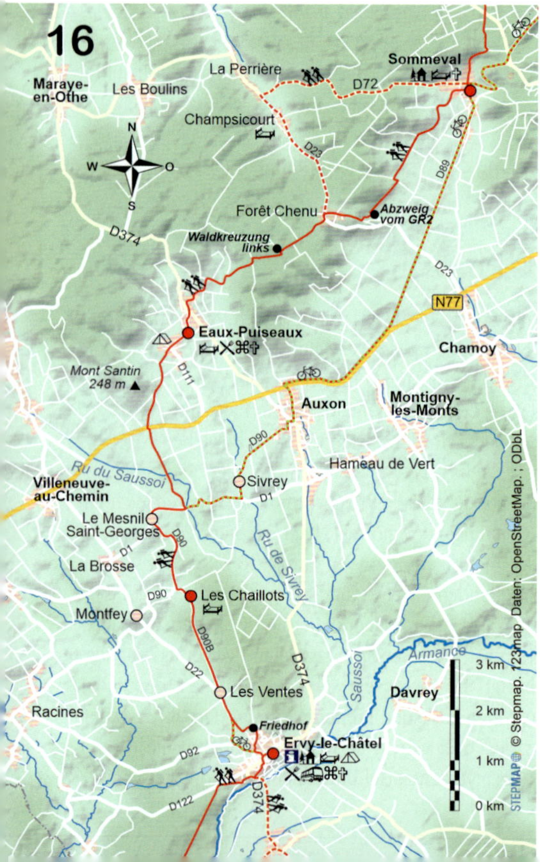

Die D23 macht links nach Süden einen sanften Linksbogen, hier zeigt ein weißes Pilgermännchen aus Metallstäben den Weg nach rechts wieder in den Wald. Die Markierung ist hier gelb-rot. Nach ca. 1 km halten Sie sich an einer großen Waldkreuzung auf dem ersten Weg ganz links, ca. 75 m danach wieder rechts. Nach einer Linksbiegung führt Sie nach ca. 100 m rechts ein Weg aus dem Wald heraus. Gehen Sie links und dann rechts auf der Rue du Chêne Millot und zwischen den Häusern nach links auf der Rue de la Fontaine (D111) hinein nach Eaux-Puiseaux. Auf der anderen Seite der D374 bringt Sie die Rue de l'Église (D111) hoch bis zur Kirche.

Eaux-Puiseaux

🛏 ⛺ ✕ ☕ ⌘ ✝ ⇧ 201 m, ✉ 10130, 260 Ew.

🛏 ⛺ **La Ferme des Haute Frênes**, 6 Voie de Puiseaux, ☏ 03 25 42 15 04, ✉ les-hauts-frenes@wanadoo.fr, 💻 www.les-hauts-frenes.com, 8 Betten, sehr saubere Zimmer, schöner schattiger Zeltplatz, @, in Zimmern ÜF 1 Pers. € 48, 2 Pers. € 56, 3. Pers. + € 14, Zeltplatz € 9,50, ganzjährig, Reservierung 48 h vorab, an der Kirche vorbei am Fuß des Hügels rechts

✕ **Le Puisotin**, 1bis Rue de l'Église, ☏ 09 53 61 10 15, 📱 06 61 50 84 95, ✉ contact@puisotin.com, 💻 www.puisotin.com, täglich 12:00-14:00 und 19:00-20:00, nach Überquerung der D374 das zweite Haus auf der linken Seite

✝ Die Kirche von Eaux-Puiseaux bietet mit ihren bunten Fenstern ein schönes Beispiel moderner Glaskunst aus Troyes. Zur Besichtigung in der Mairie nebenan melden.

⌘ **La Ferme d'Hotte**, Cidre-Museum und Verkauf von vor Ort hergestelltem Cidre, Säften, Marmelade und Ölen in Bioqualität

♦ 22 Rue Largentier, ☏ 03 25 42 15 13, 📱 06 12 02 55 37, 💻 www.lafermedhotte.com, April-Mitte November Mo-So 14:00-19:00, an der ersten Kreuzung von D111 und D374 rechts und gleich links in die Rue Largentier

☺ Die Produktion von Cidre hat im Pays d'Othe eine jahrhundertelange Tradition. Heute gibt es noch sieben Betriebe, die Cidre in der Region herstellen. Hier wird Cidre auf traditionelle Art hergestellt, als Cidre Bouché, also mit verdrahtetem Korkverschluss und hohem Druck in der Flasche. Eine absolute Spezialität ist der im traditionellen Champagnerverfahren hergestellte Cidre, der dadurch wunderbar weich und fein im Auftreten wird. Schlicht ein erfrischender Genuss, den Sie sich nicht entgehen lassen sollten.

Eaux-Puiseaux – Les Chaillots 7,1 km

Von der Kirche gehen Sie die Rue de l'Église bergab und weiter auf der Rue des Bordes bis zur Rechtskurve auf freiem Feld. Hier biegen Sie links ab. Auf dem Feldweg zuerst geradeaus, dann rechts, links und wieder rechts erreichen Sie die stark befahrene N77. Etwas links versetzt führt Sie ein weiterer Feldweg bis zur D1. Folgen Sie ihr rechts bis zum letzten Bauernhof von Le Mesnil Saint-Georges. Ab hier bringt Sie die ruhige D90 bis Les Chaillots und die D90B zu den und durch die Häuser.

Les Chaillots

⇧ 162 m, 10130

La Chaillotière, M. et Mme Alexandre, Hameau Les Chaillots, 10130 Ervy-le-Chatel, Ortsteil Les Chaillots, ☏ 03 25 70 66 70, 06 52 01 50 56, michelalexandre10@yahoo.com, @, Abendessen € 15, € 8, ÜF 1 Pers. € 35, 2 Pers. € 60, April-September, Reservierung 48 h vorab, ☺ Kaffeepause für alle vorbeikommenden Pilger gratis, letztes Haus rechts in Les Chaillots, 3,7 km vor Ervy-le-Chatel, direkt am Weg

Les Chaillots – Ervy-le-Châtel 4,0 km

Gehen Sie auf der D90B Richtung Süden weiter. In Les Ventes folgen Sie geradeaus der D22 mit schon etwas mehr Verkehr, bis nach ca. 600 m links eine Schotterstraße abzweigt.

Bleiben Sie vor Ervy-le-Châtel auf der D22 und Sie kommen über die D92 die letzten Meter in den Ort.

Nach dem Waldstück nehmen Sie den Weg links um die Friedhofsmauer herum und an dessen Haupteingang vorbei die Rue de la Mathieu und die Rue du Tré nach unten. Auf der Hauptstraße links und am Kreisverkehr die zweite Straße ebenfalls links erreichen Sie das Zentrum von Ervy-le-Châtel mit der charakteristischen Rundhalle.

Ervy-le-Châtel

BANK

⇧ 160 m, 10130, 1.220 Ew.

Bureau d'Information Touristique à Ervy-le-Châtel, La Halle Boulevard des Grands Fossés, ☏ 03 25 70 04 45, ot@tourisme-othe-armance.com, www.tourisme-chaource-othe-armance.com, Juli u. August Di 15:00-18:00, Mi-Sa 9:30-12:30 und 15:00-18:00, So 9:30-12:30, September-Juni Mi-Sa 10:00-12:30 und 15:00-17:30, Do nachmittags geschlossen

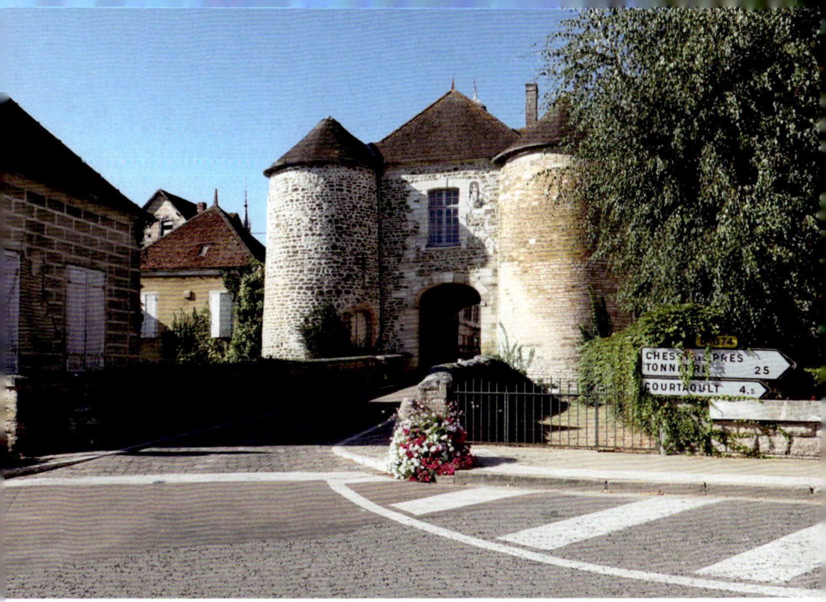

Porte Saint-Nicolas in Ervy-le-Châtel

- **Gîte municipal**, Rle. Pierre Roch, ☏ 03 25 70 04 45 (Mairie) zur Klärung der Schlüsselübergabe, alternativ ☞ Bureau d'Information Touristique, 2 Betten in winzigem Zimmer, Bad mit warmer Dusche, ***T*** derzeit gratis, Mairie: Mo-Fr 8:00-12:00, Di u. Do auch 13:30-16:00, Sa 8:45-12:00, in einer kleinen Gasse auf der Rückseite der Mairie
- **L'Aquarelle en Champagne**, Mme Dickie, 8 Rue Danton, ☏ 03 25 42 03 71, 06 11 03 91 26, laquarelle.ervy@wanadoo.fr, www.laquarelle-ervy.com, sehr stilvoll in altem Haus, @, Abendessen auf Anfrage, ÜF 1 Pers. etwa ab € 70, 2 Pers. ab € 85, am zentralen Kreisverkehr auf der D374 nach Süden und geradeaus in die Rue Danton
- **Le Motte, Camping municipal**, 1 Chemin des Bourbiers, ☏ 03 25 70 07 96, sehr ruhiger, sauberer Zeltplatz, € 4, @, ein Croissant am ersten Morgen als Willkommensgeschenk der Gemeinde gratis, Ü € 7, April-September, auf der Hauptstraße D374 nach Osten Richtung Auxon, den Hügel abwärts und rechts auf der kleinen Rue du Tureau und dem Chemin des Mottes bis zum Zeltplatz
- **Wochenmarkt** Freitagvormittag
- TER, Troyes (SNCF) – Laroche-Migennes (SNCF)

⌘ **Maison du Vitrail d'Armance**, Museum zur Technik der Glasmalerei mit Workshops und Führungen durch Ervy-le-Châtel. Die Region ist seit Jahrhunderten berühmt für ihre bunten Kirchenfenster und die Tradition der Herstellung hat sich bis heute am Leben erhalten.

♦ Place du Marché, Mai-September Mi u. Do 9:30-12:00 und 13:30-18:30, Oktober-April Mi, Do, Sa 10:00-12:00 und 13:30-17:30

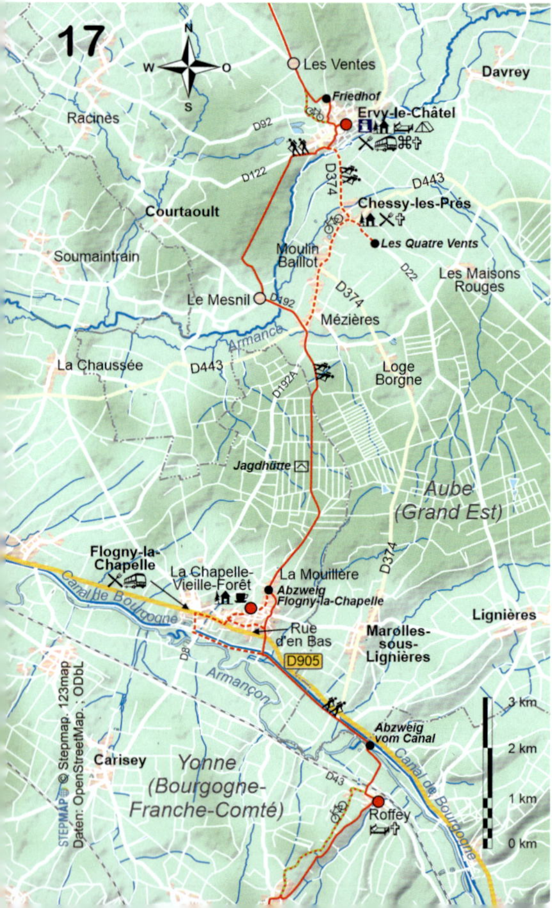

Ervy-le-Chatel ist ein Dorf mit mittelalterlichen Wurzeln, das den Herren der Region Champagne als Stützpunkt diente. Von der einstigen Stadtmauer ist noch erhalten und sehenswert die Porte Saint-Nicolas im Südosten mit seinen zwei Türmen. Die heute den Hauptplatz beherrschende runde Halle aus Fachwerk stammt aus dem 18. Jh. Die Kirche aus dem 16. Jh. ist frisch renoviert und ein sehenswertes Zeugnis der Baukunst der Region Troyes aus dieser Zeit.

Chaource

Seit dem Mittelalter wird in dieser Region ein Käse hergestellt, der den Namen einer Ortschaft etwa 17 km östlich von Ervy-le-Châtel trägt:

Chaource. Der herrlich cremige Weichkäse aus Kuhmilch wird hier schon seit dem Mittelalter hergestellt und wurde in Frankreich schon von Königen genossen.

Als AOC-Käse unterliegt die Herstellung strengen Regelungen und ist auf eine kleine Region in den Départements Aube und Yonne beschränkt. Angeboten wird der Chaource als kleiner runder Laib mit 8 oder 11 cm Durchmesser. Seine weiße Farbe kann mit zunehmender Reife etwas rötlich werden, der Geschmack wird dadurch in keiner Weise beeinträchtigt. Hier in der Region finden Sie den Käse praktisch in jeder Theke – lassen Sie sich diesen Genuss nicht entgehen.

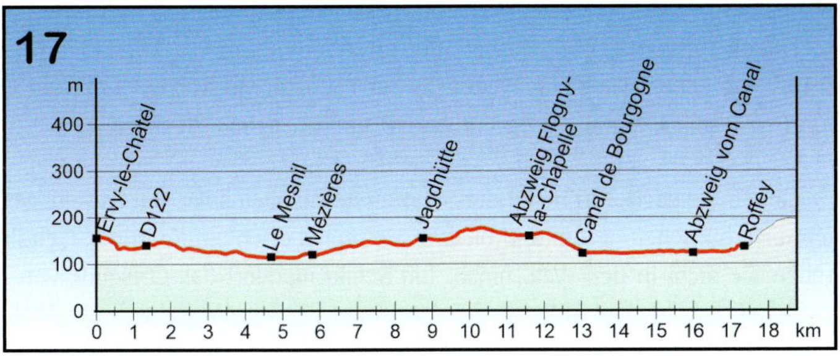

Ervy-le-Châtel – La Chapelle-Vieille-Forêt 11,6 km

Der Jakobsweg führt vom Kreisverkehr westlich der Rundhalle auf dem Boulevard Belgrand und in Verlängerung der Rue Danton nach Süden bis zur kleinen Rue Martin Noël des Vergers rechts. Folgen Sie an deren Ende der Rue du Dr Roux nach Süden und der Rue Victor Hugo bis zur D374. Nehmen Sie 60 m nach rechts einen Grasweg zwischen Gehölz, die Markierung ist hier gelb-blau.

🚲 Folgen Sie mit Ihrem Rad der ☞ Variante von Ervy über Chessy-les-Prés.

↳ Variante von Ervy-le-Châtel nach Mézières zur Übernachtung in Chessy-les-Prés 5,6 km

Gehen Sie in Ervy-le-Châtel auf der D374 links, dann südlich nach Chessy-les-Prés bis zum Abzweig der D443, schon in der Ortschaft.

Zur Gîte des 4 Vents müssen Sie hier 150 m links nach Osten und auf der D22 etwa 500 m nach Süden. Die Gîte ist im ersten Haus nach dem Friedhof untergebracht. Am nächsten Morgen kehren Sie zur D374 zurück.

Chessy-le-Prés 120 m, 10130, 500 Ew.

Gîte des 4 Vents, 54 Rue des 4 Vents, 10130 Chessy-les-Prés, 03 25 70 52 93, 06 33 61 14 62, sylvain.martini@orange.fr, giteles4vents.jimdo.com, 3 Betten in 2 gemütlichen Räumen, sehr hilfsbereiter Gastgeber, @, Frühstück auf Anfrage, Ü 1 Pers. € 40, 2 Pers. € 45, Reservierung 48 h vorab

Folgen Sie der D374 Richtung Südwesten für ca. 2,5 km. Die D374 wird zur D443. Sie gehen geradeaus weiter bis zur Kreuzung in Mézières mit der D192 von Le Mesnil. Gesamtumweg nur ca. 300 m, aber mehr Teerstraße.

Gehen Sie nach 200 m auf der Schotterstraße nach links, um das alte Schrankenwärterhäuschen herum und bleiben Sie rechts oben am Rand des Gehölzes – gehen Sie nicht in den Wald hinab. Ein Schild markiert das Ortsende von Ervy-le-Châtel, hier beginnt links ein 2,3 km langer gerader Weg durch den Wald. An dessen Ende umgehen Sie links die Schranke und folgen dem Weg bis zu den wenigen Häusern von Le Mesnil, ein Rastplatz lädt zum Verweilen ein.

Links auf der D192 weiter erreichen Sie Mézières und die Kreuzung mit der D443. Die D192 wird zur D192A, nehmen Sie an deren Rechtsknick außerhalb der Bebauung die kleine Teerstraße schräg links und folgen Sie ihr in leichtem Rechtsbogen in den Wald. Jetzt geht es 2 km schnurgerade durch den Wald.

Der wellige Single-Track – wie man in Schottland sagen würde – wird selten, aber teilweise erstaunlich schnell befahren.

Die Jagdhütte auf der Lichtung etwa nach der Hälfte des Weges ist immer geöffnet und mit Billigung der Einheimischen als Unterstand und Rastplatz nutzbar. Sauberes Verlassen versteht sich von selbst.

Sie erreichen die vier zusammengewachsenen Ortschaften La Mouillère, La Chapelle-Vieille-Forêt, Rue d'en Bas und die größte davon im Westen – Flogny-la-Chapelle.

➯ Die Rue de la Forêt geradeaus weiter bringt Sie in das Zentrum von La Chapelle-Vieille-Forêt mit der Pilgerherberge hinter dem Kriegerdenkmal.

La Chapelle-Vieille-Forêt 161 m, 89360

Gîte municipal, Grande Rue, ☏ 03 86 75 46 91 (Mme Kyndt), moderne Unterkunft mit 4 Betten, derzeit noch gegen Spende, soll aber geändert werden, am Kriegerdenkmal nach hinten zum Salle Polyvalente

➯ Einkaufsmöglichkeiten erreichen Sie über die Grande Rue und Rue du Verdeau nach Westen. Nach 850 m sehen Sie auf einem großen Parkplatz links schon die Rückseite des kleinen Einkaufszentrums mit seinen geschmacklosen Flachbauten. Immerhin gibt es einen Supermarkt, Bäcker, Arzt, Apotheke und ein Café. Der Rückweg auf der D905 ist nicht zu empfehlen. Gehen Sie entweder wieder über den Parkplatz zurück, nehmen aber an der größeren Kreuzung rechts die Rue de Groseilliers bis zur Rue de l'Armançon und diese nach unten zum Canal. Oder Sie gehen an der D905 ca. 400 m weiter nach Flogny-la-Chapelle.

Flogny-la-Chapelle 142 m, 89360, 1.029 Ew.

Wochenmarkt Dienstagvormittag

MOBIGO L812 Flogny – Auxerre (SNCF)

Hier bietet Flogny ein Restaurant und einen Imbiss, ansonsten hat hier ziemlich jeder Laden dicht gemacht. Am Ortsanfang ist der Weg auf der D8 nach unten zum Canal de Bourgogne ausgeschildert. Die Südseite des Kanals bietet eine ruhige Straße, auf der Sie gen Osten zur nächsten Brücke gelangen und den offiziellen Weg wieder erreicht haben.

La Chapelle-Vieille-Forêt – Roffey 5,8 km

Gehen Sie nach dem Waldstück an der ersten Kreuzung im Ort links auf der Rue de la Mouillère, über den Place du Caron und auf der Rue de l'Armançon geradeaus nach Süden und über die D905 bis hinunter zum Canal de Bourgogne.

☺ Mit dem Canal de Bourgogne haben Sie das Département Aube verlassen und Ihr viertes und letztes Département bis Vézelay betreten – Yonne. Auch die Region Grand Est liegt damit hinter Ihnen. Sie befinden sich in der Region Bourgogne-Franche-Comté.

Nehmen Sie den alten Treidelpfad auf der Südseite des Kanals Richtung Osten, bis ca. 850 m nach der ersten Schleusenanlage eine Teerstraße rechts abzweigt. Der Straße über die mehrbogige Brücke folgend gelangen Sie auf der anderen Seite der Bahnlinie nach Roffey. Sie gehen im Ort auf der Rue des Sardins links zur Kirche.

Roffey

🛏 ✝ ⇧ 132 m, ✉ 89700, 150 Ew.

🛏 **Les Fontaines**, Mme Beaumont, 26 Rue des Sardins, ☎ 03 86 55 52 67, 📱 06 12 19 68 65, sehr freundliche und auf Pilger eingestellte Unterkunft, empfehlenswert, 🖳 @, Abendessen € 14, Frühstück € 6, Ü DZ 1 oder 2 Pers. € 39, Reservierung 24 h vorab, auf der Rue des Sardins rechts ein paar Häuser weiter Richtung Ortsrand

♦ **Le Clos du Trait**, Mme Ragot, 8 Rue Blanche, 📱 06 17 83 38 18, ✉ martineragot@wanadoo.fr, beheiztes Schwimmbad, 🖳 + **T** € 5, Abendessen € 15 auf Anfrage, Frühstück € 4, Ü 1 Pers. ab € 46, 2 Pers. ab € 60, 🚪 ganzjährig, Ankunft zwischen 16:30 und 18:00, Reservierung 24 h vorab, an der Kirche vorbei und rechts kurz hoch

Roffey – Vézannes 6,8 km

🚲 Von der D43 nach Westen zweigt in spitzem Winkel eine kleine ansteigende Straße nach Süden ab. Darauf kommen Sie problemlos bis Bernouil.

Gegenüber der Kirche geht Ihr Weg in der etwas beschwerlich ansteigenden Rue aux Comtes weiter und den Hügel hoch auf freies Feld. Durch ein kleines Wäldchen erreichen Sie Bernouil. Die zweite Straße im Ort links, die Grande Rue, führt zur sehenswerten Kirche Saint-Jacques-le-Majeur. Im 17. Jh. in der Grundrissform eines vierblättrigen Kleeblattes gebaut steht sie seit 1979 unter Denkmalschutz. Ein schöner Rastplatz neben der Kirche mit etwas Ausblick könnte auch interessant für Sie sein. Um die Kirche herum die Rue Saint-Jacques etwas

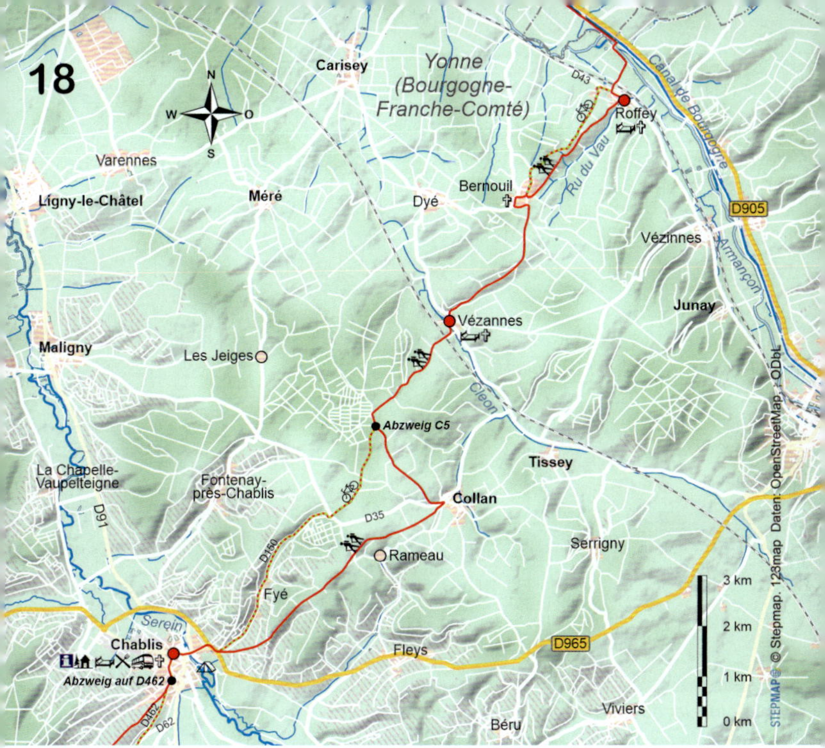

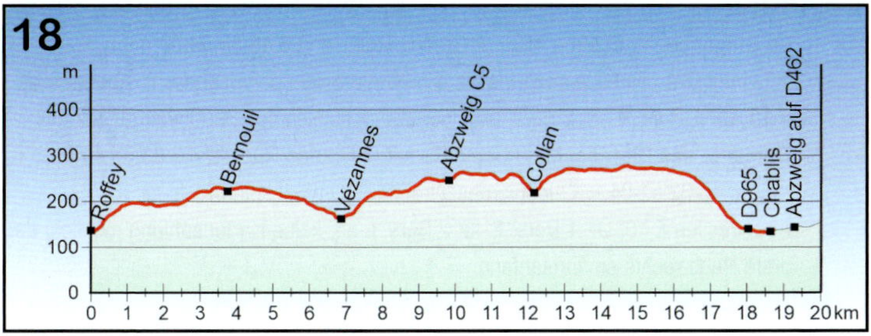

hinauf und die zweite Straße links kommen Sie auf die Route de Vézannes, der Sie nach rechts 3 km bis in den Ort Vézannes hinein folgen. Dort gehen Sie auf der Grande Rue links. Am alten Feuerwehrhäuschen mit historischem Spritzenwagen erwartet Sie ein Brunnen mit kühlem Trinkwasser.

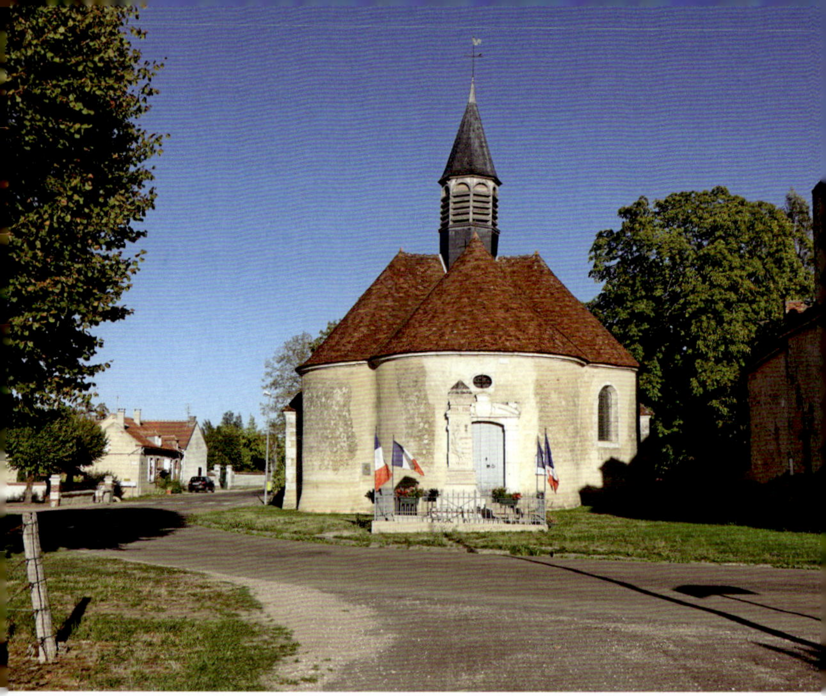

Saint-Jacques-le-Majeur in Bernoui

Vézannes

🛏 ✝ ⇧ 160 m, ✉ 89700, 50 Ew.

🛏 **La Diligence**, M. et Mme Atlan, 4 Grande Rue, 📱 06 43 53 04 00, ✉ infos@la-diligence-vezannes.fr, 💻 www.la-diligence-vezannes.fr, Abendessen € 18, ÜF 1 Pers. € 45, 2 Pers. ab € 50, 200 m südlich des Feuerwehrhäuschens

♦ **Domaine des Pierries**, Mme Copin Raoult, 1 Grande Rue, ☎ 03 86 55 14 05, 📱 06 43 02 52 04, ✉ lespierries@free.fr, 💻 www.lespierries.fr, @, Abendessen € 10, ÜF 1 Pers. € 45, 2 Pers. € 55, keine Kartenzahlung möglich, das erste Haus rechts am Ortsanfang

Vézannes – Chablis 11,8 km

20 m weiter kommen Sie rechts über eine kleine Brücke auf der Route de Chablis nach oben aus dem Ort und folgen der Straße gut 2 km.

🚲 Mit dem Fahrrad bleiben Sie auf dieser Straße bis zu einer großen, baumbestandenen dreieckigen Verkehrsinsel. Fahren Sie hier zuerst geradeaus und dann rechts nach unten. Hier steht kein Wegweiser. Über Fye gelangen Sie gemütlich ausrollend zur D965 und 200 m weiter rechts hinein nach Chablis.

✋ Auf eine 90-Grad-Linkskurve folgt eine Rechtskurve. In dieser müssen Sie von der Straße runter und auf dem grob geschotterten Weg geradeaus weiter. Der Abzweig ist nicht markiert! Der Weg führt Sie geradewegs nach Collan.

Überqueren Sie die D35 auf die Rue de Chablis und biegen Sie gleich wieder scharf rechts in die Rue de Rameau ab. Am letzten Haus führt ein Feldweg rechts hoch, bleiben Sie oben auf der rechten Seite des Feldes entlang der Hecke, nicht geradeaus. Jetzt geht es für Sie immer geradeaus.

Relativ unvermittelt enden die Getreidefelder und Sie haben die Weinberge um Chablis erreicht. Die Grand-Cru-Lagen liegen kurz vor Chablis an den Hängen ein paar Hundert Meter rechts von Ihnen.

Alte Rebstöcke bei Chablis

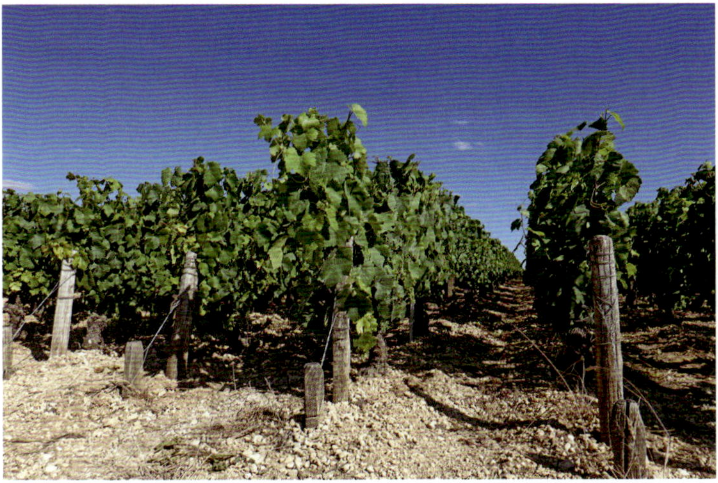

Am Ende geht es durch die Weinberge hinunter bis zur D965. Das letzte Stück ist wie ein Abwasserkanal v-förmig betoniert und etwas komisch zu gehen. Etwas Slalom links und rechts hoch wie in einer Halfpipe hilft, um die Hüfte nach einem langen Tag zu entlasten.

Nach 200 m rechts auf der D965 führt die Avenue d'Oberwesel links über die Serein in die Stadt.

Chablis

BANK ⇧ 138 m, 89800, 2.280 Ew.

Bureau d'Information Touristique Chablis, 1 Rue du Maréchal de Lattre de Tassigny, ☏ 03 86 42 80 80, contact@escale-chablis.fr, escale-chablis.fr, Mo-Sa 10:00-13:00 und 14:00-18:00, nach der Brücke über die Serein das zweite Haus links

Gîte Paroissial, 13 Rue Benjamin Constant, ☏ 09 50 34 80 21, ansonsten ☞ Office de Tourisme, einfache Pilgerherberge mit 2 Stockbetten in einem großen Raum, sehr herzliche Betreuung, , Ü € 20, nach dem Bureau d'Information Touristique links in die Rue Porte Noël bis zur Rue Benjamin Constant linker Hand

La Maison d'Aliénor, 4 Rue des Moulins, ☏ 03 86 18 96 08, 06 63 80 57 58, info@lamaisondalienor.com, + **T** € 22 (Wäscheservice), Abendessen € 18, ÜF EZ € 79, DZ ab € 89, nach der Brücke am Ortseingang rechts und wieder links

Camping du Serein, Quai Paul-Louis Courrier, ☏ 03 86 42 44 39, mairie@chablis.net, www.ville-chablis.fr/camping-municipal-, belebter Campingplatz in ruhiger und zentrumsnaher Lage, **T** @, ab € 7,92, Mai-September, vor der Brücke über die Serein links

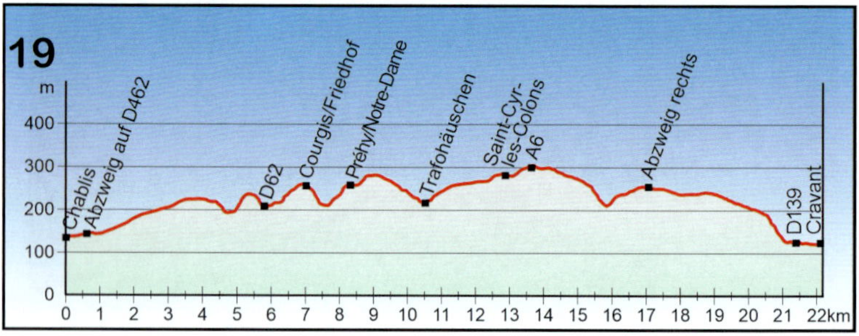

Wochenmarkt Sonntagvormittag

MOBIGO LR505 Auxerre (SNCF) – Tonnerre (SNCF)

Allein der Name Chablis ruft bei Weinkennern ein Leuchten in den Augen hervor. So ist der ganze Ort auch auf die Herstellung des berühmten Weißweines und die Beherbergung seiner Käufer und Liebhaber ausgerichtet. Nahezu alle Weingüter bieten Unterkunftsmöglichkeiten an, die aber ebenso wie der Tropfen selbst geschlossen im oberen Preissegment angesiedelt sind. Der Ort ist entsprechend belebt und ein gerne wahrgenommenes Ziel für einen Kurzaufenthalt in der schönen Landschaft des Départements Aube und für eine Shoppingtour bei den Weinbauern der Wahl.

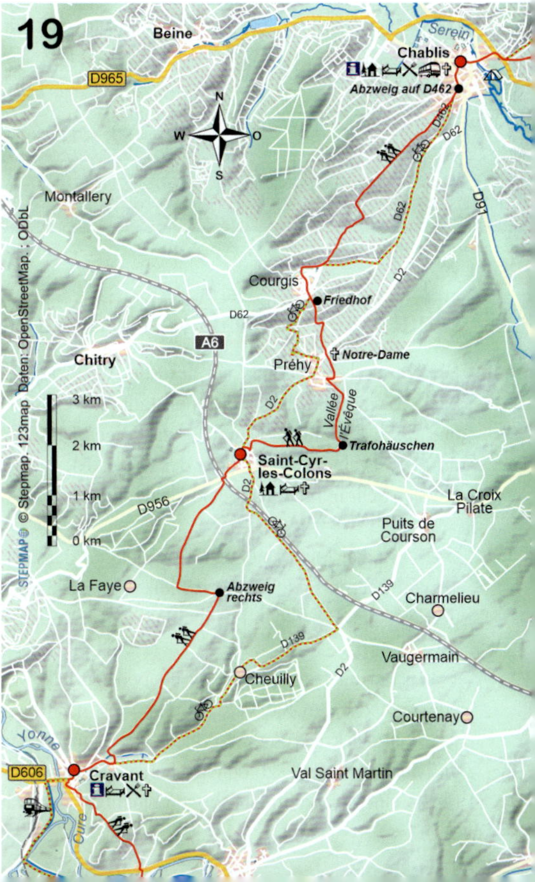

Mönche mehrerer Klöster begannen hier an den Hängen des Sereintales mit dem Weinbau. Der erste belegte Verkauf eines Chablis außerhalb Burgunds datiert zurück auf das Jahr 1455 und am französischen Königshof war der Wein ein gern gesehener Gast auf der Tafel. Hergestellt wird der Chablis in vier Qualitäten, je nach Lage mit der eigenen Kombination aus Bodenbeschaffenheit und Mikroklima: Petit Chablis, Chablis, Chablis Premier Cru und Chablis Grand Cru.

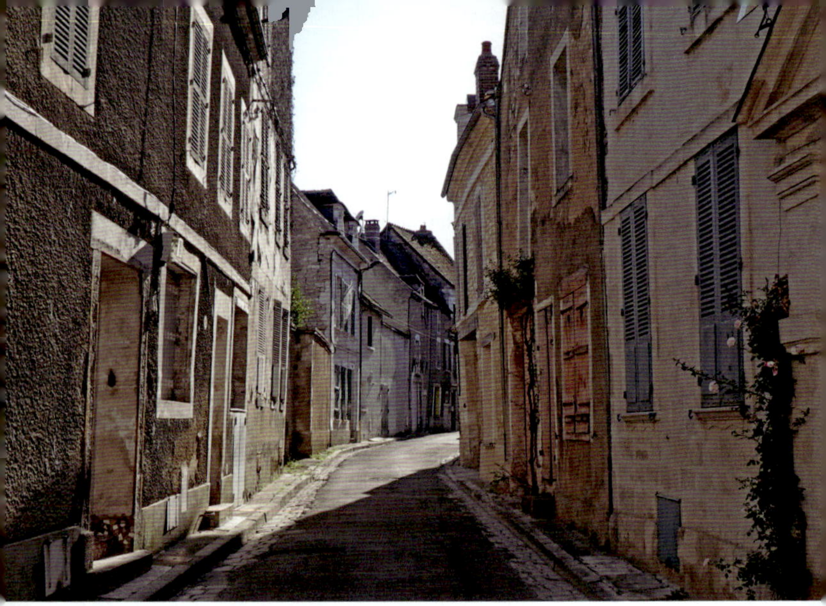

Seitengasse in Chablis

Chablis – Saint-Cyr-les-Colons 12,9 km

Ein Kreisverkehr markiert auf der Rue Auxerroise, der zentralen Straße von Chablis, das westliche Ende der Innenstadt. Gehen Sie hier südlich auf der D62 (Avenue de la République) dem Bogen folgend bis zum nächsten Kreisverkehr und dort rechts auf die D462 (Rue des Butteaux). Am aufgemalten Kreisverkehr halten Sie sich schräg rechts auf eine kleine Teerstraße.

🚲 Radler folgen hier sich links haltend der D462 und D62 bis Courgis, fahren am oberen Ende des Ortes links von der D62 ab den Schildern nach Prehy und hier der D2 folgend nach Saint-Cyr-les-Colons.

An der nächsten Gabelung bleiben Sie links vom Wäldchen, an der T-Kreuzung entscheiden Sie sich für den Weg nach links und danach wieder rechts. Oben an der Kreuzung mit dreieckiger Bauminsel geht es schräg links nach unten und auf der D62 bis zu den Teichen am Ortsanfang von Courgis. Vor diesen führt rechts eine Straße im Linksbogen hinauf zu den Häusern von Courgis.

Die Rue Nicolas Droin macht nach den Häusern einen Rechtsbogen. Sie gehen hier geradeaus weiter am Friedhof vorbei und über den Hügel bis zum Ende durch. Links und scharf rechts weiter geht es die nächste Steigung hinauf zur malerisch frei stehend platzierten Kirche Notre-Dame aus dem 16. Jh.

Hier haben Sie nochmals einen Blick zurück auf die Randlagen der Weinberge von Chablis, die hier hauptsächlich noch den Petit Chablis hervorbringen.

Am Wegesrand

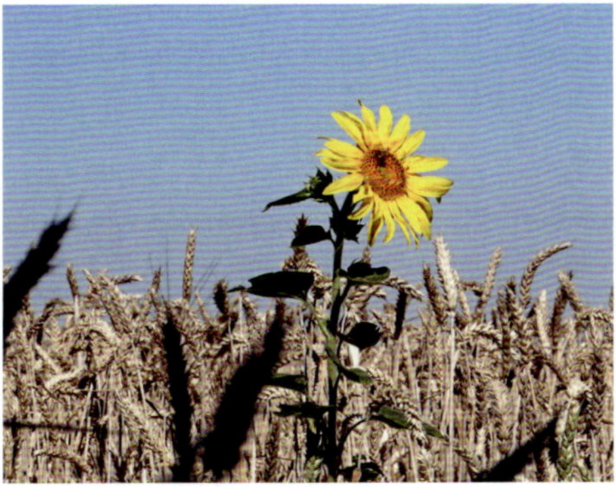

Gehen Sie am Friedhofsende geradeaus über die Kreuzung und sich rechts haltend bis zur Teerstraße, darauf 150 m rechts und gleich wieder scharf links. Sie haben eine weitere Römerstraße unter Ihren Füßen, wenngleich auch nur für 500 m. Nach dem letzten Weinberg, an der zweiten Abzweigung nach rechts, beginnt ein Feldweg, dem Sie immer weiter folgen. Sie gehen durch das waldbesäumte, kleine Vallée l'Évêque, an einem Trafohäuschen in weitem Rechtsbogen auf die andere Hangseite und wieder Richtung Westen, bis ein Weg im 90-Grad-Winkel links hoch zum Ortsrand von Saint-Cyr-les-Colons führt. Gehen Sie rechts entlang der Häuser und am Ortseingang auf der Rue de la Route de Coulon in das Zentrum mit Kirche und Bäckerei.

Saint-Cyr-les-Colons ⇧ 274 m, 89800, 450 Ew.

Gîte municipal, 2 Rue de la Porte de Coulon, ☏ 03 86 41 40 83 (Gemeindeamt), bei Bedarf Mme Daridan unter 07 61 83 26 00,
mairie-st-cyr-89@wanadoo.fr,
www.saint-cyr89.fr, gemütliche Unterkunft mit 14 Betten in 2 Schlafsälen, Hof mit Bänken und Grill, T @, Ü € 14,30, Bettwäsche € 3, mitten im Ort rechts hinter der Bäckerei

Mme Rada, 5 Rue de la Fontaine, 09 83 49 54 88, 06 51 98 80 03, muriel.rada@gmail.com, Abendessen € 13 inkl. 1/4 l Wein, ÜF 1 Pers. € 35, 2 Pers. € 45, rechts an der Bäckerei vorbei und die nächste Straße links

Bäckerei mit Lebensmitteln, Di-Fr 7:30-12:30 und 17:00-18:30, Sa u. So 7:30-12:30, Mo geschlossen

Saint-Cyr-les-Colons – Cravant 9,3 km

Mit dem Fahrrad nehmen Sie an der Bäckerei vorbei und dann links die D2 aus dem Ort. Überqueren Sie die D956 Richtung Vermenton und gleich auch die A6. An der nächsten Kreuzung folgen Sie rechts der D139 Richtung Cheuilly und Cravant.

An der Bäckerei rechts vorbei und an der offenen Kreuzung rechts oben führt die Rue de Saint-Bris aus dem Ort, der Weg ist gut beschildert. Gehen Sie unter der Autobahn hindurch und links auf dem Feldweg für ca. 2,5 km. Dann müssen Sie links und vor dem Gehölz den zweiten Abzweig rechts gehen.

Die gelb-rote Markierung geht hier geradeaus weiter, der Jakobsweg aber rechts.

Nach guten 4 km sehen Sie die Dächer von Cravant. Umrunden Sie den Bauernhof und gehen Sie auf Teer auf der Route de Tonnerre in den Ort bis zu einem der vormals drei alten Stadttore, der Porte d'Arbault. Die gleichnamige Straße dahinter führt zum Hauptplatz mit Rathaus.

Cravant 117 m, 89460, 850 Ew.

Bureau d'Information Touristique Cravant – Deux-Rivières, Route de Paris, 89460 Deux-Rivieres – Cravant, 03 86 81 54 26, cravant@escale-chablis.fr, escale-chablis.fr, Juli-Oktober 9:30-13:00 und 14:00-17:30, September u. Oktober So geschlossen, ab dem westlichen Stadttor ca. 400 m auf der D606 Richtung Auxerre, zwischen Yonne und Canal du Nivernais am Hafen

Village-Chalets, 7 Route de l'Emoulerie, 03 86 42 56 13, 06 80 30 30 99, lerudupre.cravant@gmail.com, www.village-chalets.com, komfortable, gemütliche kleine Häuschen mit eigenem Bad und Kochgelegenheit in grüner Umgebung, Pool, Zeltmöglichkeit, T @, Ü € 30, HP € 50, Reservierung 48 h vorab, auf dem Platz vor dem Stadttor Porte d'Arbault links in die Rue de l'Emoulerie

Wochenmarkt Samstagvormittag

SNCF, regionale Verbindung Auxerre–Avallon mit Anschluss an Sermizelles-Vézelay

Cravant ist alt und war schon früh bedeutend, man sieht es dem Ort und seinen Häusern an jeder Ecke an. Die Lage am Zusammenfluss von Cure und Yonne machte es im Mittelalter strategisch und wirtschaftlich interessant. Ein Uhrturm und ein Wohn- und Wehrturm an der alten Stadtmauer zeugen noch davon. Letzterer wird privat für Ausstellungen genutzt und von seiner Bewohnerin gerne gezeigt. Davor ist auch ein Hinweis auf die Schlacht von Cravant von 1423 zu finden, in der kurioserweise mit dem französischen König verbündete Schotten gegen mit den Burgundern verbündete Engländer regelrecht untergingen. Insgesamt kein Ruhmesblatt für Frankreich und lokal daher nicht an die große Glocke gehangen. Auch im Zweiten Weltkrieg war Cravant wegen eines unterirdischen Flugzeugwerkes, das von Franzosen und Deutschen benutzt wurde, bedeutsam. Heute kommt das Städtchen relativ verschlafen daher.

Saint-Cyr-les-Colons

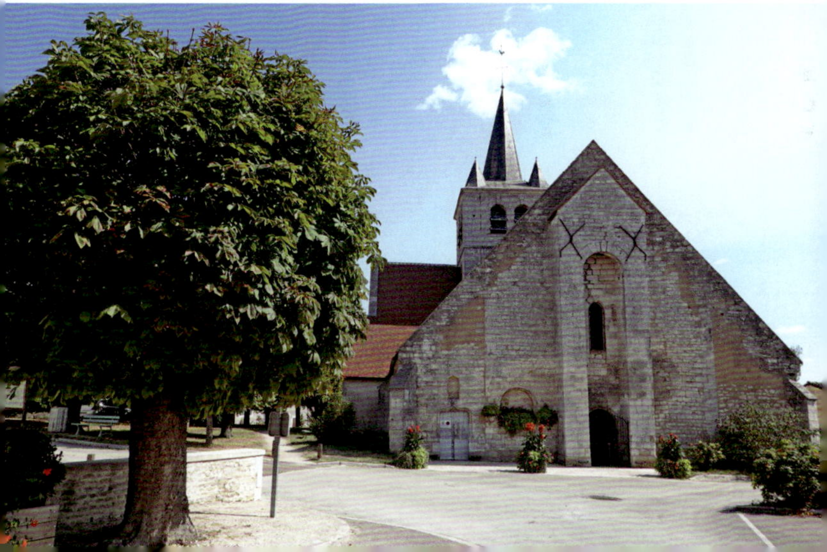

Cravant – Accolay 3,3 km

Mit dem Rad fahren Sie ab dem Brunnen auf der Rue d'Orléans geradeaus aus der Stadt und auf der D606 Richtung Auxerre und Paris. Sie fahren zuerst über die Yonne und dann über den Canal du Nivernais. Hier, auf der Westseite des Kanals, folgen Sie dem Radweg nach Süden. An einer Eisenbahnbrücke überqueren Sie Kanal und Yonne und nehmen den Radweg am rechtwinklig abgehenden Canal d'Accolay bis Accolay.

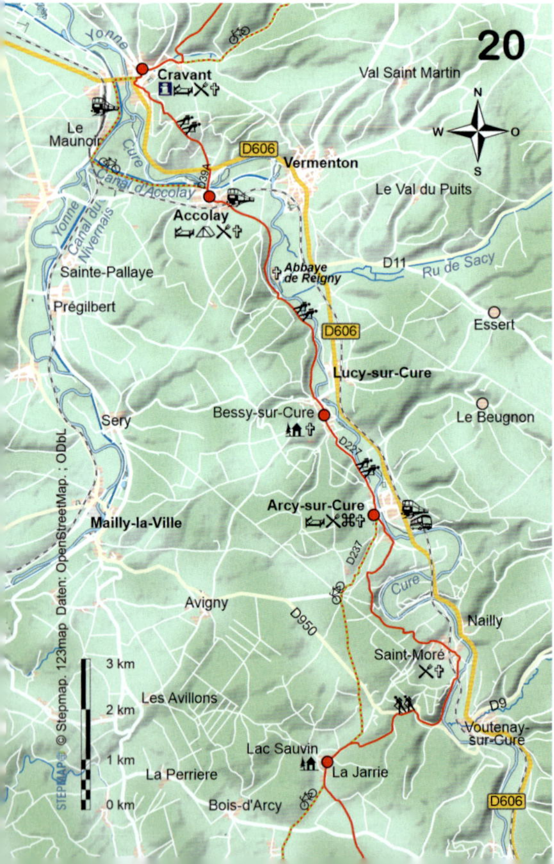

An der Mairie vorbei nehmen Sie die Rue d'Orléans links hinunter bis zum Brunnenplatz und rechts weiter. Dann folgen Sie links der Rue d'Église bis zur Kirche. Folgen Sie der Promenade Saint-Jean nach Süden an der Stadtmauer entlang, am Wehrturm und dem alten Waschhaus vorbei und gegenüber in die kleine Rue de Monteloup. Nach kleinem Links-rechts-Bogen führt links ein Weg zwischen Wald und Häusern hoch, der nur wie eine Zufahrt aussieht – der Chemin de Moque Baril. Dieser wird gleich sehr schmal und es geht lang, steil und zäh durch den Wald den Hang hinauf.

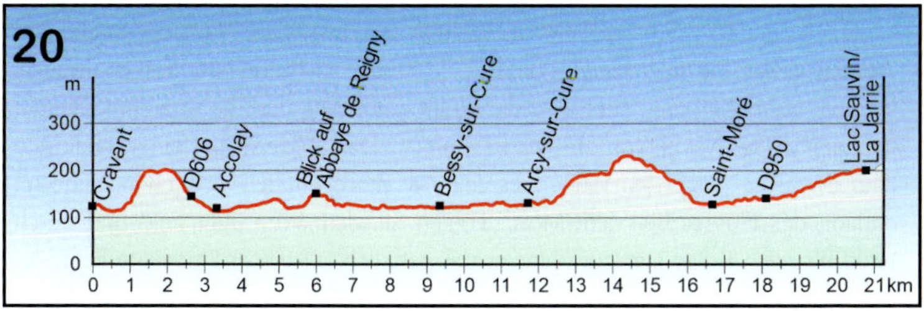

Markierungen sind vorhanden. An freiem Feld oben angekommen gehen Sie rechts bis zur viel befahrenen D606. 50 m links versetzt bringt Sie die D39A nach Accolay bis zur Kirche.

Accolay ⇧ 113 m, 89460, 450 Ew.

Repos et Respirer, Maison de pélerins, Petra Beerens, 6 Rue du Canal, 06 37 51 83 82, petrabeerens1@gmail.com, www.reposetrespirer.fr, Abendessen und Frühstück möglich, gegen Spende, östlich parallel zur Rue de Reingy

♦ **M. et Mme Pohu**, 16 Rue de Reigny, 06 63 51 96 54, chambresdhotes.accolay@gmail.com, @, ÜF 1 Pers. € 47, 2 Pers. € 62, gegenüber der ausgeschilderten Hostellerie de la Fontaine, direkt am Weg

Camping municipal Moulin Jacquot la Belle Étoile, Route de Bazarnes, 03 86 42 82 97, ladu2007@hotmail.com, www.campingmoulinjacquot.fr, ruhiger Platz mit Bar, warmen Snacks und épicerie, € 3,50, *T* € 3, @, ab € 6,50, Mitte März-September, unmittelbar nach der Brücke über den Canal d'Accolay auf dem Treidelpfad entlang des Kanals nach rechts Richtung Westen bis zum Ortsrand

SNCF, regionale Verbindung Auxerre–Avallon mit Anschluss an Sermizelles-Vézelay

✞ Werfen Sie einen Blick in die alte Kirche und wenden Sie den Blick auch nach oben. Ein altes hölzernes Tonnengewölbe wird Sie überraschen.

Accolay – Bessy-sur-Cure 6 km

Die rot-weißen Wegmarkierungen des GR13 und GR654 werden ab hier Ihre Begleiter.

Doch zuerst kürzen Sie die erste Schleife des Flusses ab. Nach der Kirche von Accolay gehen Sie links versetzt die Rue de Reigny nach oben und folgen ihr links bis zum Bahnübergang. Hier wird die Straße zum Weg und die Rue zum Chemin de Reigny. Die Navigation ab hier ist einfach. Der teilweise tief eingeschnittene Lauf der Cure prägt den Weiterweg und Sie bewegen sich weitgehend autofrei entlang des Flusses bis Saint-Moré. Folgen Sie dem Weg über Feld und durch Wald bis nach Bessy-sur-Cure hinein, das gänzlich auf dieser Flussseite liegt. An der ersten querenden Straße, der Grande Rue, halten Sie sich links und ab der folgenden Kreuzung immer geradeaus.

Auf der anderen Uferseite werden Sie auf Ihrem Weg nach Bessy-sur-Cure durch die Bäume die Reste der Zisterzienserabtei Abbaye de Reigny entdecken. Gegründet 1128 beherbergte die Abtei in Ihrer Blütezeit bis zu 300 Mönche. Ein sehenswertes Refektorium der Mönche aus dem 14. Jh., erbaut in gotischem Stil, und eine interessante hydraulische Anlage zur Wasserversorgung sind noch erhalten.

Altes Wegkreuz bei Bessy-sur-Cure

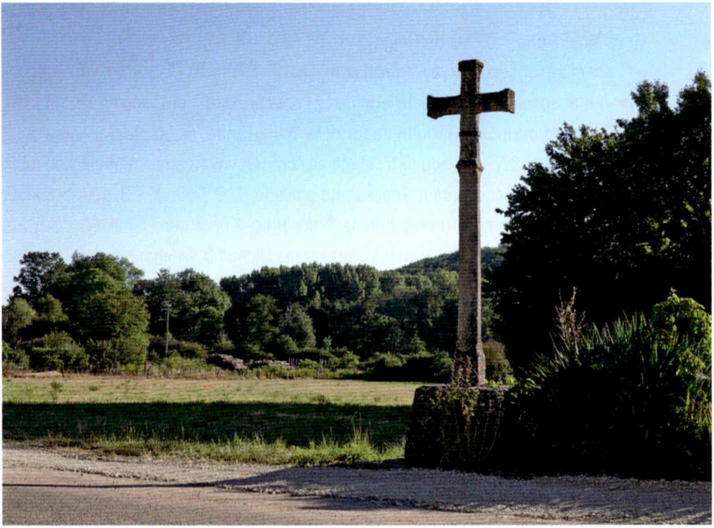

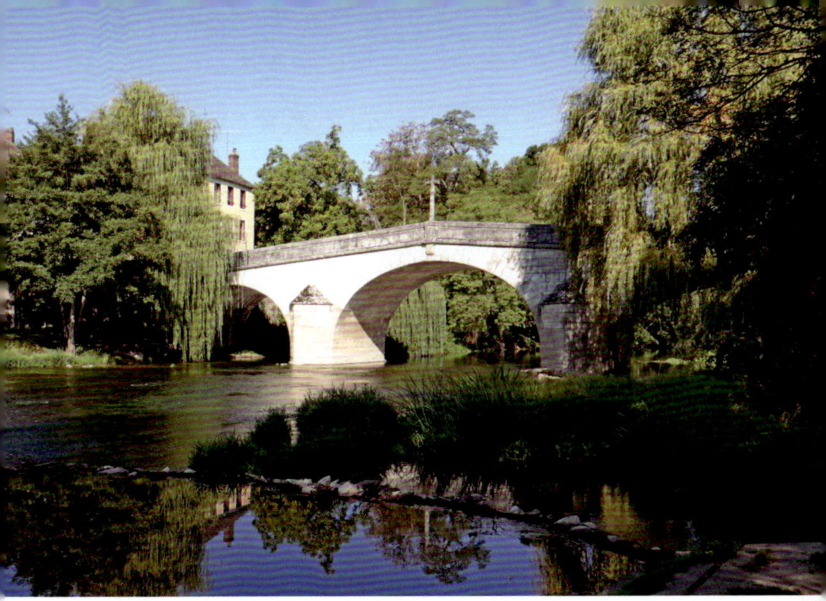

Die Cure in Arcy-sur-Cure

Bessy-sur-Cure

🏠 ✝ ⇧ 121 m, ✉ 89270, 190 Ew.

🏠 **Gîte communal**, 107-111 Grande Rue, ☎ 03 86 81 90 38, moderne Unterkunft in altem Gemäuer mit Mehrbettzimmern, sehr sauber, 🍳, Abendessen € 12, kein Frühstück, Ü € 22, an der Hauptstraße direkt am Weg

Bessy-sur-Cure – Arcy-sur-Cure 2,4 km

Bleiben Sie an der Kirche unten auf der kaum befahrenen Straße. Der von der Kirche aus nach links markierte Weg oben am Hang ist ziemlich verwuchert und bringt außer Zeitverlust und verkratzten Beinen nichts. So erreichen Sie bequem den nächsten Ort.

↳ Um auf die Infrastruktur von Arcy-sur-Cure zurückzugreifen (zum Beispiel für ein Frühstück nach Ihrer Übernachtung in Bessy oder einer Übernachtung selbst), gehen Sie nach unten und über die historische Bogenbrücke mit Kreuz über die Cure.

Arcy-sur-Cure

124 m, 89270, 490 Ew.

La Maison de Rafah, M. et Mme Castera, 18 Rue de l'Orme, 03 86 81 90 23, 06 31 89 17 12, maisonderafarcy@gmail.com, www.lamaisonderafah.com, Abendessen € 20, ÜF 1 Pers. € 35, 2 Pers. € 40, über die Brücke geradeaus, auf der rechten Seite

SNCF, regionale Verbindung Auxerre–Avallon mit Anschluss an Sermizelles-Vézelay

MOBIGO LR810 Auxerre (SNCF) – Avallon

⌘ In Arcy-sur-Cure werden Sie Hinweistafeln zu den schon sehr früh bewohnten Höhlen aus prähistorischer Zeit mit ihren 28.000 Jahre alten Wandmalereien finden. Zu diesen gehen Sie auf der Grande Rue einfach geradeaus weiter. Ein Besuch ist zwar absolut lohnend, dafür müssen Sie aber ordentlich Zeit mitbringen. Die ausschließlich geführten Touren finden je nach Saison nur ein paarmal am Tag statt und dauern ca. 1 Stunde.

♦ Grottes d'Arcy-sur-Cure, 03 86 81 90 63, contact@grottes-arcy.net, www.grottes-arcy.net, Touren online buchbar

Arcy-sur-Cure – Lac Sauvin/La Jarrie 9,1 km

Für Radfahrer empfiehlt sich die Umfahrung des nächsten Abschnittes. Links der Mairie geht es hoch und am Schlosstor vorbei auf der D237 mit Beschilderung nach Lac Sauvin. An einer dreieckigen Verkehrsinsel halten Sie sich links in den Wald, dann über die D950 hinweg und anschließend rechts nach Lac Sauvin/La Jarrie.

Der Jakobsweg geht südlich des Rathauses auf der kleinen Straße Le Château weiter. Gehen Sie hierzu vor dem Parkplatz links und an dem Schloss vorbei. Es ist in Privatbesitz und kann nicht besichtigt werden. Halten Sie sich am nächsten Abzweig links auf der Grande Rue, bis ein kleines Wegkreuz an einem Haus Ihren Abzweig nach rechts markiert. An der Wegkreuzung nach ca. 900 m führt Sie links ein Waldpfad den Hang entlang, bis er auf eine Schotterstraße trifft. Gehen Sie hier rechts und folgen Sie dem Weg, er wird zur Teerstraße mit dem Namen Rue du Crot und führt bis zur Kirche von Saint-Moré.

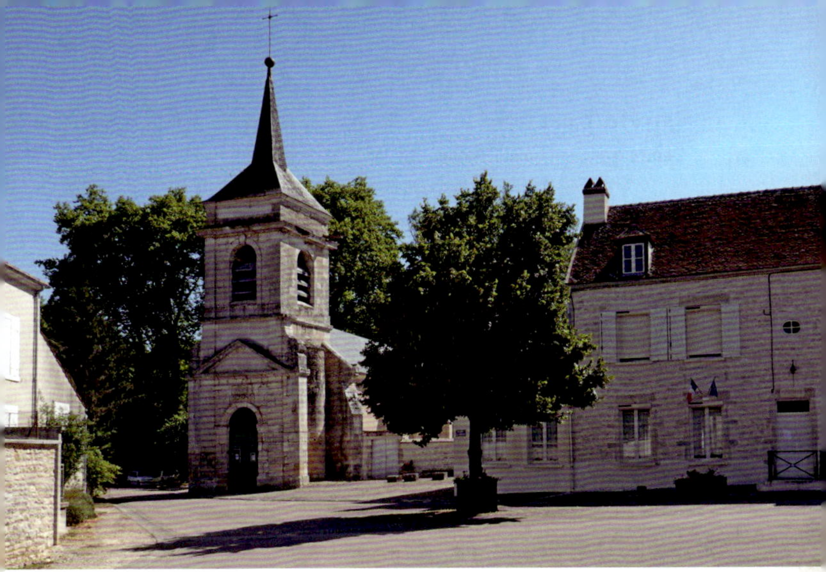

Kirche von Saint-Moré

Saint-Moré

✕ 🍷 ✝ ⇧ 128 m, ✉ 89270, 180 Ew.

✕ 🍷 **Auberge Camp de Cora**, 2 Place de la Mairie, 💻 www.aubergecampdecora.fr, 🚪 Di-Sa 9:30-15:30 und 17:30-21:30, So 9:30-15:30, Mo geschlossen, ✋ keine Übernachtungsmöglichkeit, gegenüber der Kirche

Gehen Sie auf der Rue de la Croix nach Südosten und in die zweite Straße, die Rue du Puits, nach rechts. Der Weg geradeaus am Abzweig der Rue de l'Ardilly wird für Sie zu einem herrlich malerischen Weg direkt am Ufer der Cure. Ein wunderbarer Picknickplatz mit Bank und Tisch erwartet Sie schon. Die D950 holt Sie wieder aus Ihren Träumen.

✋ Entgegen der Markierung, die Sie hier linksherum auf einen zugewucherten Waldweg schicken möchte, gehen Sie hier rechts für 400 m an der Straße entlang. Dann wird ein Waldweg mit GR-Markierung nach links in den Wald in Kürze wieder zum Jakobspfad. Halten Sie sich am gabelförmigen Abzweig rechts, am T-Ende auch rechts und an der nächsten Gabelung links und Sie erreichen auf der geteerten Straße nach links den nächsten Ort.

Lac Sauvin/La Jarrie ⇧ 215 m, 89270

Centre d'accueil Loisi l'Yonne – La Jarrie, M. Boutin, 7 Route de Montillot, ☏ 03 86 32 42 95, contact@loisi-yonne.com, @, Ü € 15, HP € 35, direkt am Weg

Lac Sauvin/La Jarrie – Asquins 9,8 km

Bleiben Sie auf der Straße geradeaus bis Montillot. Bei den ersten Häusern zweigt die D21 scharf links ab. Nach ca. 1 km bleiben Sie rechts auf der D21, bis nach einem weiteren Kilometer links die letzten Häuser von Le Vaudonjon fast an die Straße heranreichen und die Ortseinfahrt markieren. 100 m weiter geht eine Schotterstraße hoch – Sie haben die Fußgängerroute wieder erreicht und folgen ihr bis Vézelay.

Gehen Sie auf der Hauptstraße nach Süden und aus dem Ort, etwa 300 m danach links auf den Schotterweg, in Links-rechts-Kombination weiter und über die D206 hinweg wieder in den Wald. An der T-Kreuzung links und über die kleine Teerstraße hinweg erreichen Sie eine Jagdhütte mit Unterstand im Wald. Der GR13 zweigt hier links ab, der GR648 bleibt bis Vézelay auf dem gleichen Weg wie der Jakobsweg.

Chemin d'Assise

Sie werden noch ein weiteres neues Wegzeichen finden: das schwarze TAU-Zeichen auf orangem Grund mit einer weißen Taube. Es markiert die 1.500 km des relativ jung ausgeschilderten Weges von Vézelay nach Assisi, den Chemin d'Assise. Die Taube zeigt Ihnen mit Ihrer Position auf dem Zeichen den Weg und wird Sie bis Vézelay begleiten. Alle Information zu dem Weg finden Sie im Internet unter www.chemindassise.org. Auf diesem Abschnitt ist auch noch ein kleiner Pfeil auf den Schildern zu sehen, da es sich um einen Zubringer zum Hauptweg ab Vézelay handelt.

Der heilige Franziskus gründete das erste Minoritenkloster auf französischem Boden im 12. Jh. in Vézelay. Man darf aber davon ausgehen, dass er selbst nie französischen Boden betreten hat. Heute noch wird die Kathedrale Sainte-Madeleine in Vézelay von Franziskanern betreut.

☺ Der interessanteste Hinweis jedoch dürfte die Ankündigung der nun noch verbleibenden letzten 10 km bis Vézelay sein.

Sie gehen auf dem Waldweg rechts der Hütte weiter und an der T-Kreuzung rechts und gelangen nach Les Hérodats.

Durchqueren Sie den kleinen Weiler, dahinter geht es in einer breiten Waldschneise steil und steinig bergab, unten nach links und durch den Ortsrand von Le Vaudonjon.

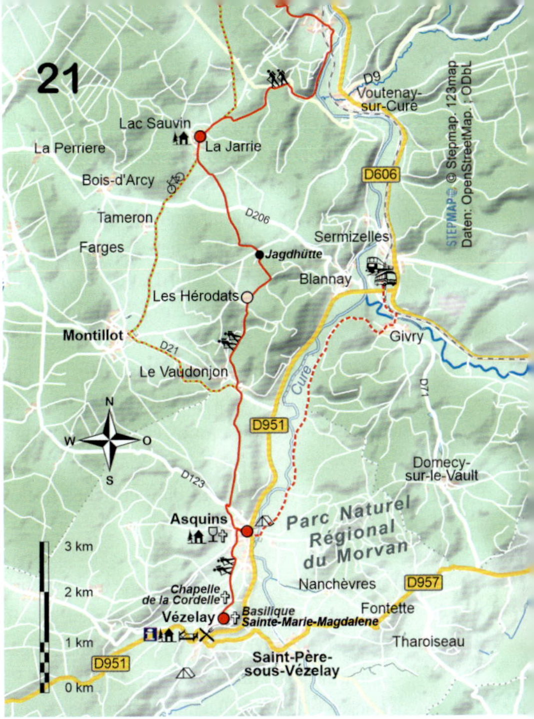

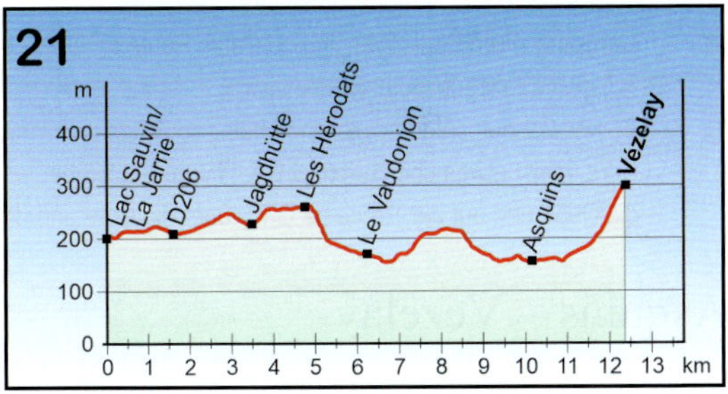

✋ Lassen Sie sich Zeit und achten Sie auf Ihre Knöchel, der Weg ist wegen der großen Steinbrocken bergab extrem unangenehm zu gehen. Die letzten Kilometer wollen offensichtlich noch einmal verdient sein.

Gehen Sie auf der D21 ca. 100 m nach links und queren Sie diese auf eine nach oben führende Schotterstraße. An der D123 sehen Sie rechts schon ein rotes Wegkreuz – hier bitte links und bis zur zweiten Querstraße, der Rue du Four. Sie könnten hier auf dem Chemin de Croix Blanche geradeaus weiter und dann links bis zur Rue de la Bouillère gehen. Aber gönnen Sie sich die 300 m Abstecher nach links unten zur Kirche Saint-Jacques-le-Majeur aus dem 12. und 13. Jh. mit einer Jakobusdarstellung aus dem 16. Jh. im Inneren. Daneben steht ein beeindruckendes, mächtiges Steinkreuz und markiert den Ort auf majestätische Weise.

Dies ist zweifelsohne einer jener Orte, an denen die Jahrhunderte spürbar werden und man ein Gefühl für die Tiefe der Fußstapfen, denen man als Jakobuspilger nach Santiago de Compostela folgt, bekommt.

Dazu bietet sich Ihnen ein herrlicher Blick über die Dächer von Asquins auf den „Ewigen Berg" von Vézelay.

Asquins 152 m, 89450, 300 Ew.

Gîte chez l'habitant, Le Soleil Rayonnant, 48 A Rue de la Chèvrerie, 03 45 45 11 00, 07 85 32 84 29, fantonetienne@gmail.com, fantonetienne.wixsite.com/gite, @, ÜF 1 Pers. € 36, 2 Pers. € 42, Ankunft 18:00-20:00, am Ende der Rue de la Tuilerie scharf links auf die Rue de la Chèvrerie und die erste Hofeinfahrt nach links

Camping municipal, Camping du Patis, Route de Givry, 03 86 33 30 80, lesroulottesdasquins@hotmail.fr, www.asquins-sous-vezelay-camping-roulottes.com, mit Bademöglichkeit in der Cure, meist etwas überlaufen, Ü € 5, Juni-September, am Ostrand des Ortes über die D951 und auf der Route de Givry über die Cure und danach links

Asquins – Vézelay 2,2 km

Von der Kirche gehen Sie zurück und wieder hoch, aber nur bis zur Rue de la Tuilerie. Die bringt Sie links zur Rue de la Bouillère, nach 450 m zweigt rechts der Chemin de la Cordelle ab. Gehen Sie ihn geradeaus durch, an der kleinen Franziskanerkirche vorbei, und steigen Sie die letzten Meter hoch bis zur Basilique de Vézelay – Sanctuaire de Sainte Marie-Madeleine.

Die Via Campaniensis endet hier. Sie haben knapp 400 km zu Fuß bewältigt. Für Ihren Weiterweg gen Santiago de Compostela und auch in Ihrem Leben wünsche ich Ihnen von Herzen das Beste.

Lassen Sie sich dazu durch das alte Pilgerwort ermutigen und tragen Sie es hinaus in die Welt: ULTREIA!

Vézelay

BANK

⇧ 299 m, 89450 , 440 Ew.

Office de Tourisme du Grand Vézelay, 12 Rue Saint-Étienne, ☏ 03 86 33 23 69, vezelay@destinationgrandvezelay.com, www.destinationgrandvezelay.com, Mo-Sa 10:00-13:00 und 14:00-18:00, von der Kathedrale Richtung Westen die Hauptstraße hinab, kurz vor dem Ortsende links

♦ ständige Vertretung der Freunde und Pilger des Jakobsweges von Vézelay: **Amis et Pèlerins de la Voie de Vézelay**, 24 Rue Saint-Pierre, ☏ 03 86 32 38 11, vezelay-compostelle.eu, aktuelle Informationen, Hilfe aller Art und Vermittlung von Übernachtungen in Vézelay und auf dem Weiterweg auf der Via Lemovicensis, Büro in der 2. Etage, Mitte März-Mitte Oktober, täglich 9:30-12:30 und 14:00-19:00, auf der Hauptstraße fast oben an der Kathedrale

Centre Saint-Madeleine, 22 Rue Saint-Pierre, ☏ 03 86 33 22 14 90, klassische Pilgerherberge, sauber, stilvoll in altem Gemäuer mit tollem Innenhof, die Anlaufstelle für Pilger, ÜF € 15, ganzjährig 11:30-12:00 und 16:00-17:45 und 19:30-21:00, keine Reservierungen, auf der Hauptstraße fast oben an der Kathedrale

♦ **Fraternités monastiques de Jérusalem**, 26 Rue Saint-Pierre, ☏ 03 86 32 36 12, Unterbringung in mehreren Häusern, Ü gegen Spende, Anmeldung bis 17:00 im Gebäude links am Platz vor der Basilika

Camping et Auberge de Jeunesse, Route de l'Étang, ☏ 03 86 33 24 18, 06 38 77 15 33, aubergecampingvezelay@gmail.com, www.camping-auberge-vezelay.com, Ü ab € 14 im Schlafsaal, Camping ab € 6, April-Oktober 8:00-11:00 und 16:00-19:00, aus der oberen Stadt kommend leicht links und wieder rechts haltend in die Route de l'Étang

Hôtel Restaurant Le Relais du Morvan, 45 Place du Champ de Foire, ☏ 03 86 33 25 33, lerelaisdumorvan@gmail.com, www.relais-du-morvan-vezelay.fr, Frühstück € 12, Ü DZ 2 Pers. ab € 64, aus der oberen Stadt kommend links am Platz

Hôtel Le Compostelle, 17 Place du Champ de Foire, ☏ 03 86 33 28 63, le.compostelle@wanadoo.fr, www.le-compostelle-vezelay.fr, @, Frühstück € 9,50, Ü DZ ab € 60, aus der oberen Stadt kommend rechts am Platz

Wochenmarkt Mittwochvormittag

SNCF, regionale Verbindung Auxerre–Avallon ab Bahnhof Sermizelles-Vézelay

MOBIGO LR505 Corbigny – Bahnhof Sermizelles – Vézelay (SNCF)

Cathy Taxi, 7/24, 06 74 53 45 76

Auf dem „Ewigen Hügel von Vézelay", wie er genannt wird, wurde erstmals im 9. Jh. von Benediktinern ein Kloster begründet. Nachdem 1037 bei einer Zurschaustellung der Reliquien Maria Magdalenas Wunder geschahen, wurde Vézelay zum Wallfahrtsort und Pilger begannen herbeizuströmen.

Vézelay erlangte nicht nur durch die Aufbewahrung der Reliquien Maria Magdalenas Berühmtheit, hier wurde auch 1146 von Bernhard von Clairvaux der zweite Kreuzzug zur Eroberung des heiligen Landes ausgerufen und 14 Jahre später die Truppen zusammengezogen.

Vézelay

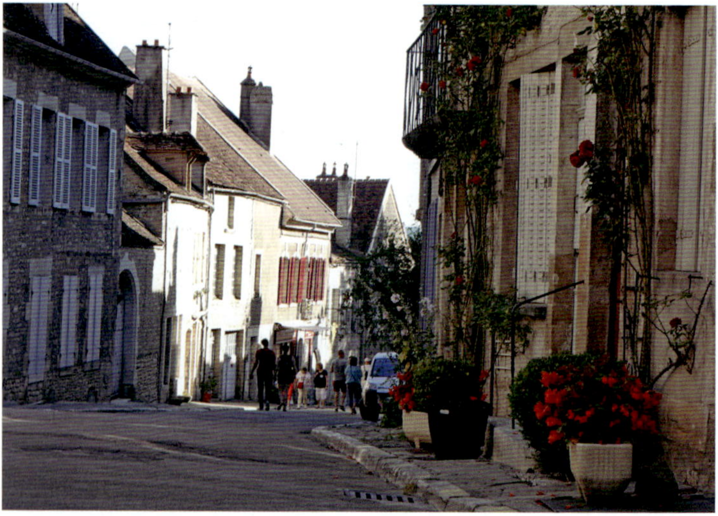

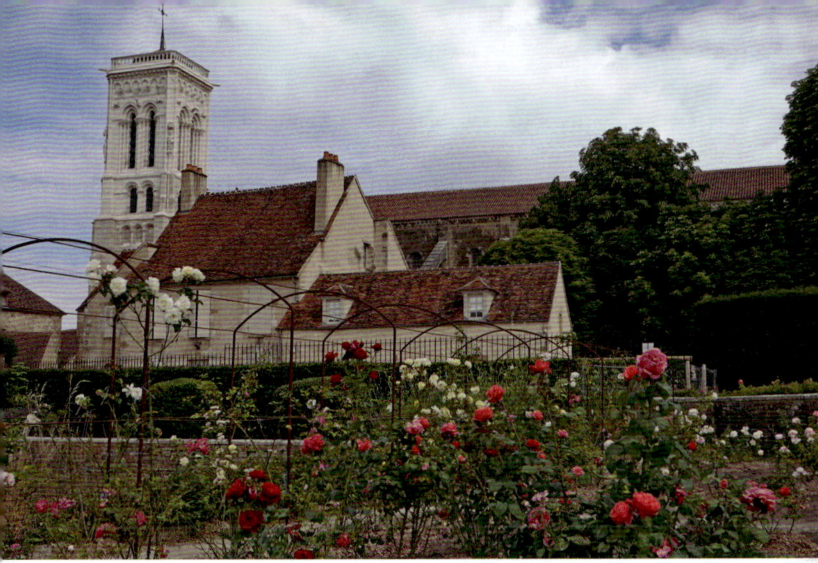

Rosengarten an der Kathedrale von Vézelay

Die Kathedrale am höchsten Punkt dominiert den weit in das Land sichtbaren Hügel. Die Häuser, teilweise noch aus dem Mittelalter stammend, füllen den flach abfallenden Teil des Hügels Richtung Westen und geben dem Ort sein charakteristisches Erscheinungsbild. Als Startpunkt der Via Lemovicensis, einer der vier großen Jakobswege Frankreichs, ist Vézelay heute ein bedeutender Ort für Pilger nach Santiago de Compostela. Von März bis September mischen sich auf der zentralen Achse vom ehemaligen Haupttor, der Porte du Barle, bis zur Westfront der Kathedrale Pilger und Touristen gleichermaßen.

☺ Versäumen Sie es nicht, die Kathedrale einmal zu umrunden. Von den Terrassen des Klosters bietet sich ein herrlicher Ausblick in das umliegende Land.

Basilique Sainte-Marie-Magdalene (UNESCO-Weltkulturerbe)
Vorläufer der Kathedrale wurden mehrfach zerstört, bevor 1096 der Bau der Basilika begonnen wurde – das heutige Langhaus. Um die vielen Pilger aufnehmen zu können, erweiterte man 1132 die Kirche nach Westen um den sogenannten Narthex. Dies ist die etwas seltsam anmutende dreischiffige Vorhalle mit der innen liegenden umlaufenden Empore, die auch als Basis für den Südturm dient.

Der nördliche Turm wurde nie aufgebaut. Charakteristisch für die Westfassade – die die Kathedrale auf den ersten Blick erkennbar macht – ist über dem Tympanon am Haupteingang ein fast übermächtiges Giebelfeld mit fünf Fenstern und darüberliegenden Skulpturen, u. a. der heiligen Maria Magdalena.

Der eigentliche bauhistorische Schatz der Basilika aber liegt im Gebäudeinneren am Übergang von Narthex zum Langhaus, dem ursprünglichen Hauptportal der Basilika. Architekturgeschichtlich absolut herausragend und in seiner Konzeption und figuralen Ausarbeitung einzigartig ist das Tympanon über dem Portal, getragen von einer skulptural eingebundenen Mittelsäule. Es zeigt das Pfingstfest, die Aussendung des heiligen Geistes auf den gesamten Erdkreis. Alle damals bekannten Völker finden sich in dem breiten Sturzband unter der Hauptszene skulptural dargestellt. Ursprünglich war das komplette Tympanon auch noch farbig gefasst.

Der Eingang zum Pilgerbüro

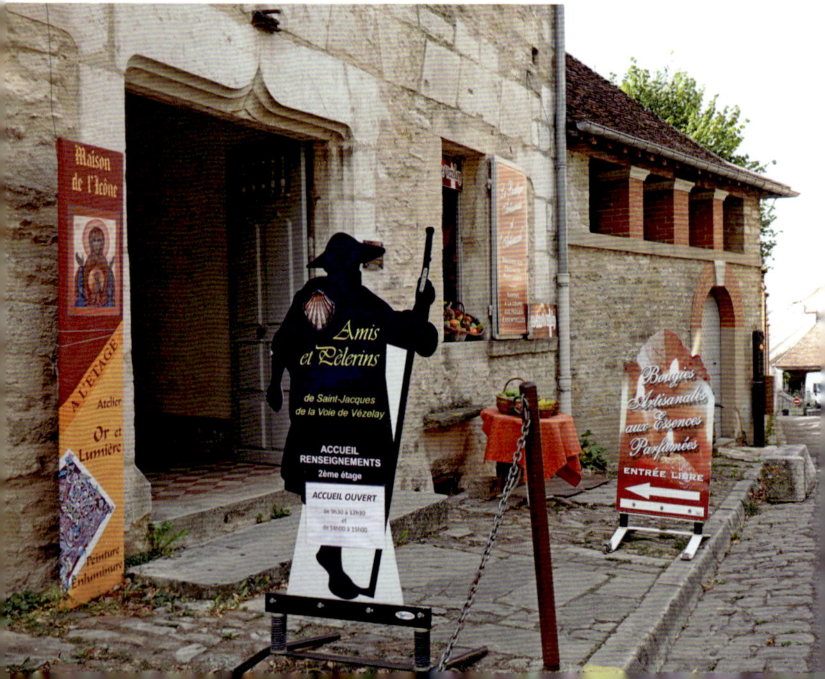

Das dreischiffige Langhaus ist in romanischem Stil errichtet. Eine Besonderheit ist hier die Bedachung mit einem Kreuzgratgewölbe, die übliche Bauweise der Benediktiner aus Cluny wäre ein Tonnengewölbe. Als Basilika wird der Bau bezeichnet, da an den Seitenwänden des Mittelschiffes im sogenannten Obergaden, dem oberen Bereich über den Seitenschiffen, Fenster angeordnet sind und Licht in das Langhaus fallen kann.

Der Chor am Ostende der Basilika wurde etwas später im frühen gotischen Stil errichtet. Dies ist an der Verwendung von Spitzbögen und der Gewölbeausprägung als Kreuzrippengewölbe klar zu erkennen. Auch ist die Oberflächenbearbeitung des Steins schon deutlich feiner und auch präziser ausgeführt.

In der Krypta ist heute noch ein Schrein mit Reliquien der heiligen Maria Magdalena zu sehen. Die Echtheit der Gebeine war aber über Jahrhunderte Streitpunkt und gab Anlass zu mannigfaltigen, auch militärischen, Auseinandersetzungen.

Rückreise von Vézelay 9,5 km

Zur Abreise mit öffentlichen Verkehrsmitteln finden Sie unter ☞ Reise-Infos von A bis Z, An- und Abreise genauere Informationen.

Zu Fuß gehen Sie den Jakobsweg zurück nach Asquins, die Streckenführung kennen Sie ja schon. Im Ort gehen Sie auf einer der Straßen, z. B. der Rue du Four, nach unten zu dem kleinen Platz an der D951 (Route d'Avallon) mit Bar und Supermarkt. Auf der anderen Seite der D951 führt die Route de Givry zwischen engen Häusern über die Cure. Nach der Brücke gehen Sie links, am Zeltplatz vorbei und immer der Straße folgend bis Givry. Im Ort folgen Sie der ersten Straße links im Bogen bis zur D71 (Rue du Pont) und dieser links. Nach der Brücke über einen Seitenarm der Cure bringt Sie die D71 noch vor der Bahnlinie im Bogen entlang der Gleise bis zum Bahnhof Sermicelles-Vézelay. Voilà.

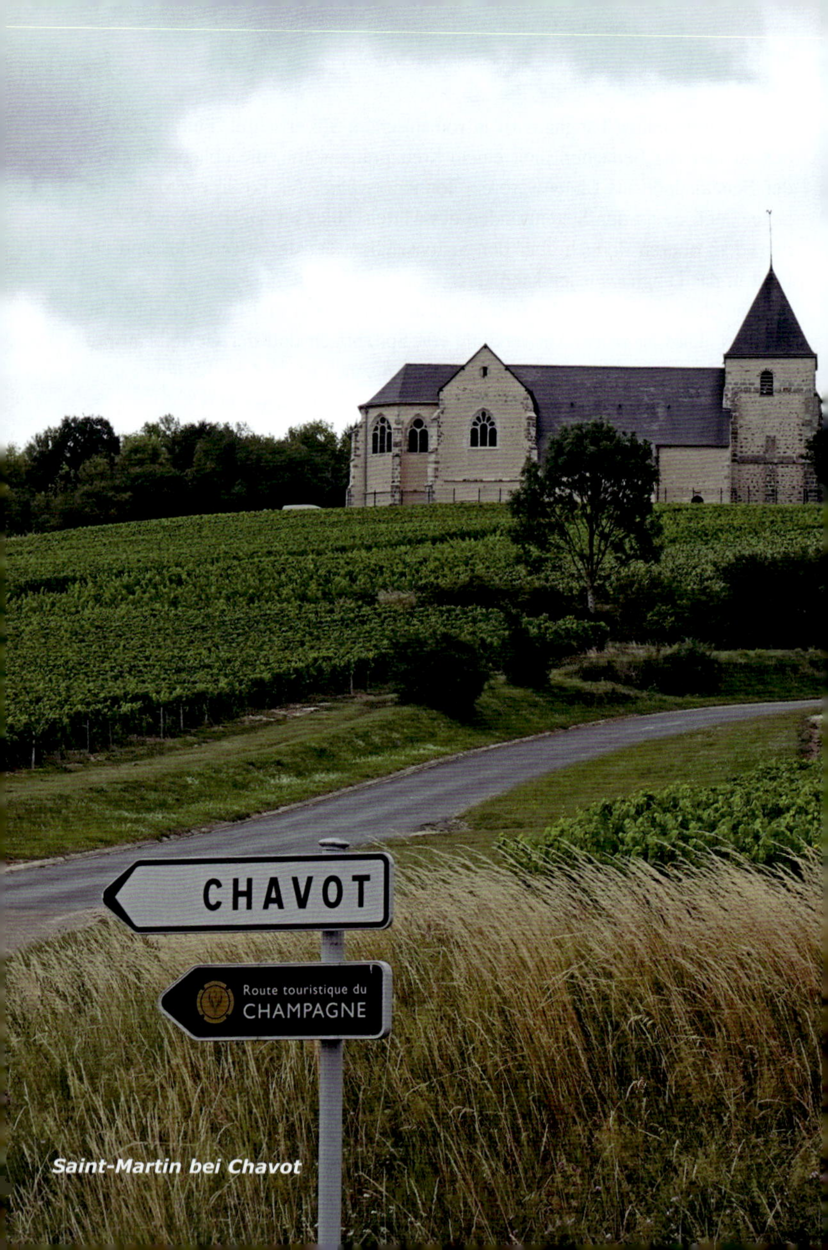

Saint-Martin bei Chavot

Index

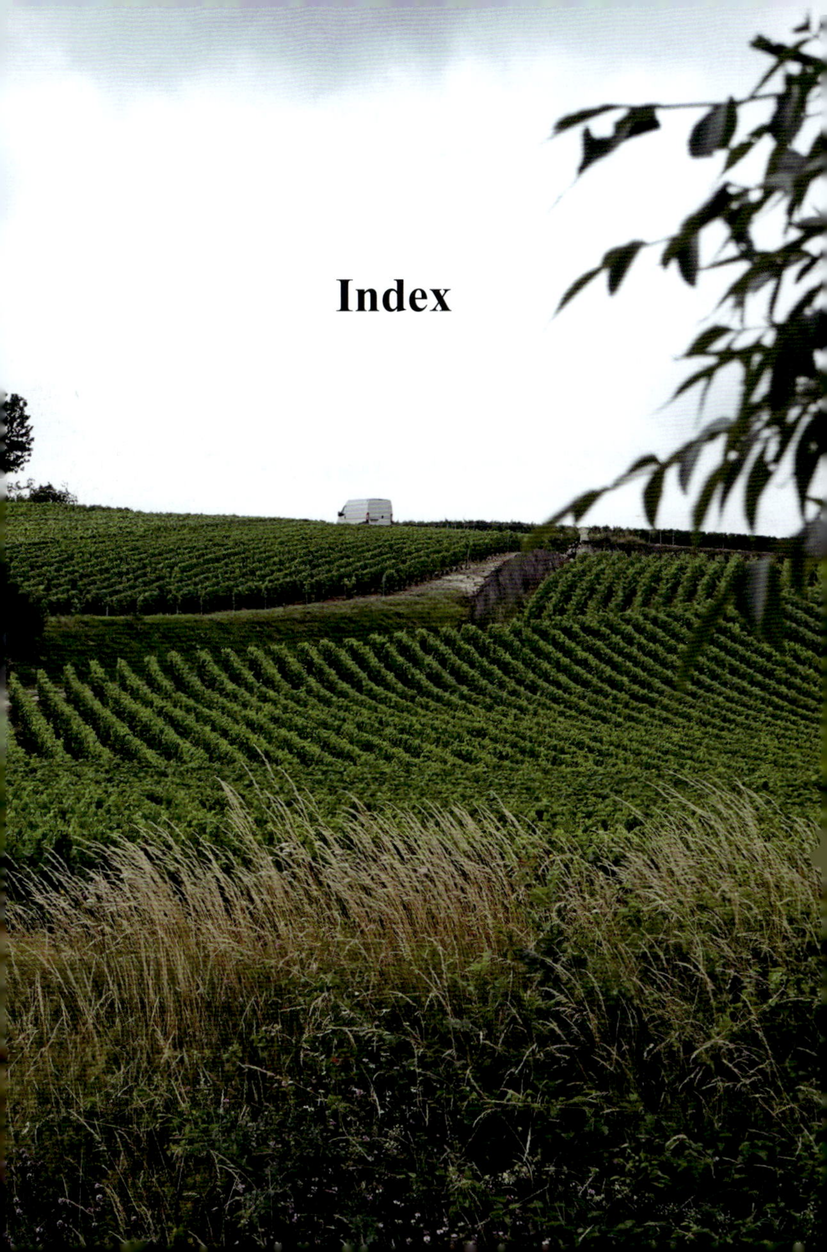

A

B

C

D/E

F/G

H

I/J

K/L